Inhalt 1

Inhalt 2

Inhalt 3

Adjektive für Beschreibungen nutzen

Name: ______________________

Haus			**Straße**		
☐ groß	☐ klein	☐ hoch	☐ lang	☐ kurz	☐ gerade
☐ schön	☐ bunt	☐ fröhlich	☐ laut	☐ leise	☐ belebt
☐ alt	☐ neu	☐ gemütlich	☐ bepflanzt	☐ geteert	☐ ruhig
______			______		
Sportplatz			**Geschäfte**		
☐ weit	☐ nahe	☐ groß	☐ nahe	☐ offen	☐ teuer
☐ beliebt	☐ sonnig	☐ vielfältig	☐ preiswert	☐ groß	☐ klein
☐ grün	☐ offen	☐ gemäht	☐ gut	☐ günstig	☐ interessant
______			______		
Erwachsene			**Kinder**		
☐ freundlich	☐ nett	☐ hilfsbereit	☐ neugierig	☐ schnell	☐ fröhlich
☐ laut	☐ leise	☐ schlau	☐ zickig	☐ laut	☐ stark
☐ lustig	☐ ernst	☐ streng	☐ gemein	☐ mutig	☐ begeistert
______			______		
Schule			**Schwimmbad**		
☐ groß	☐ alt	☐ bunt	☐ weit	☐ nah	☐ teuer
☐ schön	☐ spaßig	☐ offen	☐ preiswert	☐ groß	☐ frisch
☐ toll	☐ cool	☐ interessant	☐ beliebt	☐ sauber	☐ geöffnet
______			______		

(1) Kreuze passende Adjektive an oder ergänze eigene.

(2) Schreibe auf die Rückseite Sätze, die etwas mit den Adjektiven beschreiben.

- funktionsangemessen sprechen: beschreiben
- Texte und ihre Funktion kennen: Beschreibung
- Informationen verwenden

- SB, Seite 6–9
- ÜH, Seite 4

Notizen ordnen

Name: ______________________________

Straßen und Häuser	Spielen	Tiere

ganz enge Gassen	Spielplatz unter alten Bäumen	Tauben auf den Plätzen
verfallene Stallungen	Eichhörnchen im Park	gepflasterte Wege und Straßen
Brunnen auf dem Marktplatz	Wiese hinter dem Rathaus	überall Blumenschmuck vor den Fenstern
Mäuse in alten Kellern	krumme Wände und Fassaden	Jahreszahlen über den Hauseingängen
Innenhof mit Bolzplatz	Katzen überall	schlafender Hund vor dem Museum

(1) Schneide die Notizen aus und ordne sie.

(2) Schreibe zu jeder kleinen Überschrift einen Text.

- Texte planen: Notizen ordnen
- Informationen zusammenfassen
- Texte schreiben: Beschreibung

– SB, Seite 8/9
– ÜH, Seite 4

Textabschnitte ordnen

Name: ______________________

Unser Haus liegt weit weg vom Dorf.	Wir wohnen in der Hauptstraße 226 im 10. Stock.
Ich brauchen 10 Minuten bis zum nächsten Haus, und bis zur Schule ist es noch weiter.	Bei uns gibt es keinen Lärm und es ist sehr still bei uns.
Vor der Haustür sind eine Haltestelle für den Bus und der Eingang zur U-Bahn.	Wir haben ganz dicke Fenster und halten sie fast immer geschlossen, damit wir den Lärm von der Straße nicht hören.
Schon am frühen Morgen kann ich die Vögel zwitschern hören und manchmal auch die Wildschweine grunzen.	Oft hören wir nicht ein einziges Auto am Tag. Wir fahren meistens mit dem Fahrrad. Und zu uns kommt auch niemand mit dem Auto.
Wenn die Autos nicht schnell fahren, kann ich die Tauben draußen auf den Bürgersteigen hören.	Im Sommer fahre ich zu Oma. Sie wohnt am Meer. Da höre ich keine Autos, nur das Wasser und die Möwen.

1. Schneide die Textabschnitte aus und ordne sie.
2. Schreibe einen Text auf.
3. Finde zu dem Text eine passende Überschrift und schreibe sie auf.

- Texte planen: Notizen ordnen
- passende Überschrift formulieren
- Informationen zusammenfassen

– SB, Seite 8/9
– ÜH, Seite 4

Wortarten kennen

Name: ______________________

Nomen	Verben	Adjektive	Artikel
Gesundheit	erzählen	gut	der
Entschuldigung	hinschauen	schön	die
Geschwindigkeit	zuhören	lustig	das
Erlebnis	schmecken	fein	ein
Irrtum	fühlen	neu	eine
Freundschaft	riechen	bunt	dem
Igel	lachen	schwierig	den
Ärztin	singen	tragbar	einen
Gänseblümchen	fragen	freundlich	des
Gabel	springen	laut	eines

1. Schneide die Wörter aus, ordne sie nach Wortarten und klebe die Kärtchen untereinander auf.
2. Schreibe neben jedes Nomen, Verb und Adjektiv ein verwandtes Wörter aus einer anderen Wortart auf.

- Wörter ordnen
- Wortarten unterscheiden
- Fachbegriffe kennen

- SB, Seite 10, 14
- ÜH, Seite 5, 9

Paarspiel: Verbformen finden

Name: ____________________

er befiehlt	brechen	er hat	sehen
es bricht	dürfen	du hilfst	messen
du darfst	befehlen	sie liest	mögen
sie empfiehlt	fressen	sie misst	lesen
er erschrickt	haben	er mag	erschrecken
sie isst	empfehlen	es schmilzt	schmelzen
es frisst	essen	du siehst	helfen
du gibst	sein	ich bin	geben
du gehst	gelten	es sticht	sterben
es gilt	verderben	sie stirbt	gehen
sie trifft	treffen	er tritt	treten
es verdirbt	stechen	er vergisst	werden
du wirst	wollen	sie wirft	vergessen
er weiß	werfen	sie will	wissen

1. Suche dir einen Partner.
2. Schneide die Kärtchen aus und dreht sie um. Dreht abwechselnd Karten um. Wer ein Paar findet, darf die Karten behalten.
3. Am Ende schreibt jeder die Kartenpaare auf.

- Wörter ordnen
- Personalformen kennen und anwenden
- Regelmäßigkeiten entdecken

Nomen großschreiben

Name: ____________________

eine bushaltestelle	den zebrastreifen	zwei hochhäuser
den eisverkäufer	die zeitungsfrau	die polizistin
tolle autos	schöne gärten	kleine läden
liebe hunde	müde katzen	schnelle eichhörnchen
eine große nachbarschaft	eine schöne landschaft	ein großes geheimnis
eine kleine wildnis	umleitung	werbung
viel zufriedenheit	nur wenig bosheit	geselligkeit
eine schöne einigkeit	wenig lärm	viel spaß

(1) Unterstreiche die Nomen.

(2) Schreibe die Nomen auf. Beachte die Großschreibung.

- grammatisches Wissen für Rechtschreibung nutzen
- Nomen erkennen
- Nomenproben anwenden

- SB, Seite 12, 15
- ÜH, Seite 7, 10

Sätze bilden: Durcheinanderbuch

Name: ____________________

	Wer? **Was?**
	Was tut? **Was tun?**
	Wen? **Wem?** **Wann?** **Wo?**
	Wer? **Was?**
	Was tut? **Was tun?**
	Wen? **Wem?** **Wann?** **Wo?**

1. Schreibe Sätze mit drei Satzgliedern.
   Schreibe jedes Satzglied in ein Feld.
2. Schneide die Streifen aus und klebe die Seiten zu einem Durcheinanderbuch zusammen.

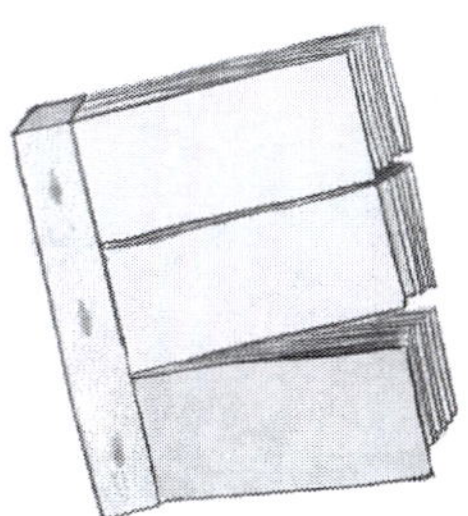

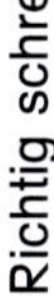

Profikarte 1

Name: ______________________

	die Aussicht	☆☆☆☆	☆
	der Balkon	☆☆☆☆	☆
	der Fahrstuhl	☆☆☆☆	☆
	das Lichtsignal	☆☆☆☆	☆
	die Nachbarn	☆☆☆☆	☆
	das Stockwerk	☆☆☆☆	☆
	die Treppe	☆☆☆☆	☆
	die Wohnung	☆☆☆☆	☆
	allein	☆☆☆☆	☆
	dann	☆☆☆☆	☆
	funktionieren	☆☆☆☆	☆
	groß	☆☆☆☆	☆
	müssen	☆☆☆☆	☆
	sehen	☆☆☆☆	☆
	wenn	☆☆☆☆	☆
	zusammen	☆☆☆☆	☆

(1) Markiere in den Übungswörtern die schwierigen Stellen.

(2) Übe die Wörter. Für jedes richtige Wort malst du einen Stern an.

(3) Wenn du ein Wort viermal richtig geschrieben hast, malst du den großen Stern an.

– geübte, rechtschreibwichtige Wörter normgerecht schreiben
– Übungsformen selbstständig nutzen

– SB, Seite 13
– ÜH, Seite 8

Abschreibtext üben

Name: ______________________

Wo ich wohne

Wir leben in einem alten Haus. Unsere Wohnung liegt im vierten Stockwerk. Wenn der Fahrstuhl mal wieder nicht funktioniert, müssen wir die Treppe laufen. Manchmal begegnen wir dann unseren Nachbarn. Von unserem Balkon aus kann ich bei meiner Freundin im Haus gegenüber ins Zimmer sehen. Wir winken uns dann fröhlich zu. Und am Abend geben wir Lichtsignale mit unseren Taschenlampen.

1. Welche Wörter sind schwierig zu schreiben? Unterstreiche sie.
2. Markiere die Stellen in den Wörtern, die du dir besonders merken willst.

3. Schreibe den Text ab.
4. Vergleiche Wort für Wort mit der Vorlage und verbessere die Fehlerwörter.

- methodisch sinnvoll abschreiben
- über Fehlersensibilität verfügen
- Übungsformen selbstständig nutzen

- SB, Seite 13

Ein Portfolio führen: Inhaltsverzeichnis

Name: ______________________________

Nr.	Überschrift	Datum	Warum?

- Lernergebnisse präsentieren
- über Lernerfahrungen sprechen
- Lernprozesse darstellen

– SB, Seite 16

Quiesel-Karte

Name: ______________________________

Abschreiben

1. Wort **lesen** und deutlich **sprechen**.
2. Schwierige Stellen **merken**.
3. Wort **abdecken**.
4. **Schreiben** und **mitsprechen**.
5. Wort **aufdecken** und **vergleichen**.
6. Fehler?
   Wort **durchstreichen** und
   richtig **aufschreiben**.

Kontrollieren

1. Wort für Wort von hinten **lesen**.
2. Dabei genau **lesen** und **mitsprechen**.
3. Fehler? Wort **durchstreichen**
   und richtig **aufschreiben**.

Rechtschreibstrategien

Wörter in Silben schwingen und deutlich sprechen Quie sel, war ten	Länge des Selbstlautes prüfen der Hase, der Hund, das Blatt
Wörter verlängern viele Kinder – ein Kind, lauter – laut	Merkwörter der Vater, mixen, das Pony
Wörter ableiten die Zahl – zählen, die Maus – die Mäuse	Nomen großschreiben die Oma, der Esel, der Baum, das Auto

– Arbeitstechniken nutzen: methodisch sinnvoll abschreiben
– Übungsformen selbstständig nutzen

– SB, Seite 17
– ÜH, Seite 11

Mit der Quiesel-Karte arbeiten: Abschreiben

Name: ______________________

Bäcker Willi
Jeden Morgen, wenn ich aufwache,
rieche ich den Duft frischer Brötchen.
Der leckere Geruch kommt aus Willis Bäckerei.
Der Brötchenduft zieht direkt aus dem Ofen
durch den Hof an meinem Fenster vorbei.
Er kommt sogar zu mir ans Bett.
Jetzt ist es Zeit, aufzustehen.

Bäcker

Abschreiben

1. Wort **lesen** und deutlich **sprechen**.
2. Schwierige Stellen **merken**.
3. Wort **abdecken**.
4. **Schreiben** und **mitsprechen**.
5. Wort **aufdecken** und **vergleichen**.
6. Fehler? Wort **durchstreichen** und richtig **aufschreiben**.

Kontrollieren

1. Wort für Wort von hinten **lesen**.
2. Dabei genau **lesen** und **mitsprechen**.
3. Fehler? Wort **durchstreichen** und richtig **aufschreiben**.

(1) Schreibe den Text ab. Nutze die Quiesel-Karte.

(2) Vergleiche deinen Text Wort für Wort mit der Vorlage.

- Arbeitstechniken nutzen
- methodisch sinnvoll abschreiben
- Übungsformen selbstständig nutzen

- SB, Seite 17
- ÜH, Seite 11

Mit der Quiesel-Karte arbeiten: Kontrollieren

Name: ______________________

Kontrollieren

1. Wort für Wort von hinten **lesen**.
2. Dabei genau **lesen** und **mitsprechen**.
3. Fehler? Wort **durchstreichen** und richtig **aufschreiben**.

Abschreiben

1. Wort **lesen** und deutlich **sprechen**.
2. Schwierige Stellen **merken**.
3. Wort **abdecken**.
4. **Schreiben** und **mitsprechen**.
5. Wort **aufdecken** und **vergleichen**.
6. Fehler? Wort **durchstreichen** und richtig **aufschreiben**.

fargen

Tante Liesel

Unsere Nachparin heißt Liesel Müller.

Wir sagenen alle Tante Liesel zu ihr.

Tante Liesel kann ncht mehr so gut laufen.

Sie its schon sehr alt. Außerdem hat sie immer Schmerzen im Knie.

Deshalb besochen wir Tnate Liesel fast jden Tag.

Wir kaufen für sie ein, holen die Post aus dem Briefkasten und

erzählen ih Neuigkeiten aaus dem Haus. Tante Liesel weiß alles von fröher.

Wenn wir etetwas wissen wollen, brauchen wir sie nur zu fargen.

(1) Lies den Text von hinten nach vorn.
Lies jedes Wort so, wie es da steht.
Streiche die 12 Fehlerwörter durch.

____

____

____

____

(2) Schreibe die Fehlerwörter noch einmal richtig auf.

- Arbeitstechniken nutzen
- über Fehlersensibilität verfügen
- Übungsformen selbstständig nutzen

- SB, Seite 17
- ÜH, Seite 11

Name: ______________________

Bunte Jutetaschen

Heute erhielten die genähten Jutetaschen Farbe. Dazu brachte jedes Kind eine Kartoffel und ein kleines Messer mit. Zunächst schneiden wir aus den Kartoffeln Stempel zum Drucken zu. Dann verteilten wir die Stempelfarbe in kleine Becher. „Pass doch auf!“, rief Josse. Die gelbe Farbe ist aus der Plastikflasche geschossen und auf die Tasche von Jule gespritzt. „Das darf doch nicht wahr sein!“, schrie Jule auf. Unsere Lehrerin kommt und betrachtete den Vorfall. Sie hatte einen rettenden Einfall. So nahm Jule einen Stempel und färbte ihn mit roter Farbe. Damit druckt sie zahlreiche Blütenblätter rund um den Fleck, bis eine Blüte entsteht. Das sah dann doch noch megagut aus, fand ich. Die fertigen Taschen hängen wir zum Trocknen auf. Am nächsten Tag bügelten wir die Taschen und packten sie für den Umwelttag in einen Karton.

Tipps für einen Bericht
- Was ist wirklich passiert?
- Vermeide die wörtliche Rede und die eigene Meinung.
- Verwende die einfache Vergangenheit.

1. Markiere die Stellen, an denen die Tipps nicht beachtet wurden.
2. Schreibe die Verbesserungen in den Bericht.
3. Vergleiche mit einem Partner.

Zeitformen erkennen

Name: ______________________

ich gehe	du riefst	sie kommen
du rufst	sie kamen	du hast gerufen
wir ritten	ich ging	ich schrieb
sie sind gekommen	wir reiten	er ist geflogen
es ist	ich schreibe	ich bin gegangen
ich habe geschrieben	ihr wiegt	wir sind geritten
ihr wogt	er flog	ihr habt gewogen
er fliegt	es ist gewesen	es war

(1) Färbe die Karten, die zusammengehören, in der gleichen Farbe ein.

(2) Schreibe die Verbformen nach Zeitformen geordnet in einer Tabelle auf.
Schreibe so:

Gegenwart	einfache Vergangenheit	zusammengesetzte Vergangenheit
ich gehe	...	...

– grundlegende sprachliche Strukturen kennen: Präsens, Präteritum, Perfekt
– Vergangenheitsformen bilden

– SB, Seite 22, 27
– ÜH, Seite 13, 17

Zeitformen verwenden

Name: ____________________

In dieser Woche haben wir in der Schule Müll gesammelt. Das ist keine schöne Aufgabe gewesen, aber es hat doch Spaß gemacht. Darum sind meine Schwester und ich am Nachmittag noch einmal losgegangen und haben auf dem Spielplatz in der Nähe nach Müll geschaut. Schnell haben die anderen Kinder uns geholfen. Wir haben leere Flaschen, Dosen und viel Papier von Süßigkeiten gefunden. Als Dank an alle Müllsammler hat meine Mutter uns Kuchen und Saft gebracht. Den Müll hat sie natürlich mitgenommen und der Spielplatz hat nachher richtig sauber ausgesehen.

1. Markiere die Verben.
2. In welcher Zeitform ist der Text geschrieben? ____________________

____

____

____

____

____

____

____

____

____

____

____

____

3. Schreibe den Text für die Klassenzeitung auf.

- grundlegende sprachliche Strukturen kennen: Präsens, Präteritum, Perfekt
- Vergangenheitsformen bilden

- SB, Seite 22, 27
- ÜH, Seite 13, 17

Wortfelder kennen und verwenden

Name: ___________________________

ansehen	blinzeln	betrachten	gucken	erblicken	erspähen
anschauen	besichtigen	spähen	bemerken	entdecken	anblicken
erkennen	zuschauen	wahrnehmen	belauern	mustern	beschatten
anstarren	beobachten	zwinkern	sehen	schauen	

Meine Freundin und ich müssen uns oft nur ______________, um den gleichen Gedanken zu haben. Gestern waren wir in einer Ausstellung und ______________ ein Kunstwerk aus Wegwerfobjekten. Wir konnten Dosen, Deckel, Flaschen und Draht ______________. Die kleinen Zahnräder, die das Objekt beweglich machten, ______________ wir erst bei genauerer Betrachtung. Nachdem wir den Bewegungen eine Weile ______________ hatten, gingen wir nach Hause. Auf dem Weg ______________ wir sehr genau nach verwertbarem Müll. Wir ______________ hinter Büsche und ______________ bunte Dosen. In der Werkstatt von Janas Vater ______________ wir unsere Fundsachen. Zusammen mit etwas Draht, den wir in einem Regal ______________, versuchten wir ein Müllobjekt zusammenzustellen. Als Janas Vater unser Werk ______________, lobte er unsere Fantasie. „Habt ihr so etwas irgendwo ______________?“, fragte er. „Als Kunstobjekt in einer Ausstellung“, antworteten wir und ______________ uns zu.

(1) Setze die passenden Wörter aus dem Wortfeld **sehen** in die Lücken ein.

Sprache untersuchen

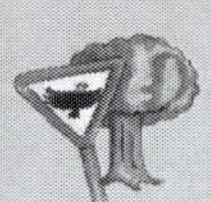

Rechtschreibstrategien verwenden: Verlängern 1

Name: ______________________________

er ban__	lusti__	sie san__	wei__
ich stie__	richti__	es ga__	lan__
ich tran__	Fel__weg	sie ho__	bal__
es blin__t	Win__hund	er tru__	Freun__schaft
es hu__t	San__bur__	es schlu__	star__
ich ba__	klu__	er win__t	Mu__pro__e
er schrie__	Ber__hütte	ich hiel__	Wel__kugel
sie bo__	Flu__angst	es erschra__	Par__schei__e

(1) Wie heißen die Wörter? Schreibe sie mit ihrer Verlängerung oder in der Grundform auf.

– Rechtschreibstrategien verwenden: Verlängern (Auslaut, Inlaut, Komposita)
– über Fehlersensibilität verfügen

– SB, Seite 24
– ÜH, Seite 15, 18

Rechtschreibstrategien verwenden: Verlängern 2

Name: ______________________

Toller Fun__ im Wal__

Heute war ein Fes__tag für die Umwel__gruppe von Bur__dorf. Der kleine Erfol__ bei dem Umwel__problem Plasti__müll sollte gefeiert werden. Josse und Tom hatten ihre Mitschüler zu einer Nach__wanderung auf den Wal__par__platz eingeladen. Der We__weiser zu dem gesuchten Schatz war keine Lan__karte, sondern kleine Kreuze und Pfeile auf dem Weg. Josse führte die Umwel__freunde auf einem kleinen Fel__we__ durch den Wal__. Zwei Väter begleiteten die Freun__schaftsgruppe. Tom fan__ den ersten Pfeil. An diesem We__zeichen mussten die Kinder abbiegen. Josse zei__te mit dem Strahl der Sta__lampe auf den Boden. Der We__ mit den Zeichen stellte eine kleine Mu__probe dar. Jule erschra__, als eine Wal__ohreule an ihr vorbeiflo__. Bal__ zeigten sich am Himmel tausen__ und mehr Sterne. Durch den Fel__stecher konnten die Kinder den Aben__stern sehen. Plötzlich fan__ Tim einen mit Geschen__papier verpackten Kasten. War das der gesuchte Schatz? Er ho__ ihn auf und öffnete den alten Mikrosko__kasten. Der Schatzfun__ enthiel__ Süßigkeiten, Saftpäckchen und einen bedruckten Jutebeutel für den Res__müll.

(1) Wie heißen die Wörter in der Verlängerung?
Ergänze die fehlenden Buchstaben im Text.

(2) Schreibe die Wörter richtig auf.

Merkwörter mit chs üben

Name: ______________________

I
R A
R
A
Ä Z
Ü
F
O
A
U
G
S

Büchse
Dachsbau
Eidechse
Erwachsener
Fuchs
Gewächs
Kerzenwachs
Lachs
Luchs
Nachwuchs
Ochse
verwechseln
wachsen
Wagenachse

(1) Trage die Wörter aus dem Kasten in das Rätsel ein.

(2) Schreibe die Wörter nach der Anzahl ihrer Buchstaben geordnet auf.

– Rechtschreibstrategien verwenden: Merkwörter mit chs üben
– über Fehlersensibilität verfügen

– SB, Seite 25

Profikarte 2

Name: ______________________

	erwachsen	☆☆☆☆	☆
	fangen	☆☆☆☆	☆
	gesund	☆☆☆☆	☆
	das Gewächs	☆☆☆☆	☆
	der Nachwuchs	☆☆☆☆	☆
	die Umwelt	☆☆☆☆	☆
	verwechseln	☆☆☆☆	☆
	werden	☆☆☆☆	☆
	essen	☆☆☆☆	☆
	ihr	☆☆☆☆	☆
	informieren	☆☆☆☆	☆
	können	☆☆☆☆	☆
	die Mülltonne	☆☆☆☆	☆
	das Plastik	☆☆☆☆	☆
	der Schutz	☆☆☆☆	☆
	trennen	☆☆☆☆	☆

1. Markiere in den Übungswörtern die schwierigen Stellen.
2. Übe die Wörter. Für jedes richtige Wort malst du einen Stern an.
3. Wenn du ein Wort viermal richtig geschrieben hast, malst du den großen Stern an.

- geübte, rechtschreibwichtige Wörter normgerecht schreiben
- Übungsformen selbstständig nutzen

- SB, Seite 25
- ÜH, Seite 16

Abschreibtext üben

Name: ______________________________

Umweltschutz ist Atenschutz
Auch wenn Josse und Tom noch nicht erwacksen sind, wollen sie sich aktiv an Aktionen zum Artenschuz beteiligen. Ire erste Aktion beginnt im Frühjahr, wenn die Kröten die Straßen überqueren, um zu ihren Laichplätzen zu gelangen. Josse fänkt die Kröten und trägt sie über die Straße. So werden weniger Tiere überfahren, wenn sie die Straßenseite wexeln. In dem vertrauten Gewässer können die Kröten ihren Nachwuks absetzen. Danach beteiligen sich die Jungen an einer Mülsammelaktion der Umweldschützer. Gleichzeitig informiren sich Josse und Tom über die Gefahren durch Müll. Sie finden heraus, warum die Tierwelt durch Plastigmüll bedroht wirt. Sie wollen auch andere Menschen überzeugen, sich am Umweldschutz zu beteiligen.

(1) Lies den Text mit der Quiesel-Karte. Markiere die Fehler.

(W) Artenschutz ______________________________

____

____

____

____

____

____

(2) Welche Strategie hat dir beim Fehlerfinden geholfen?
Schreibe die Fehlerwörter richtig auf.
Ergänze die passenden Strategiezeichen.

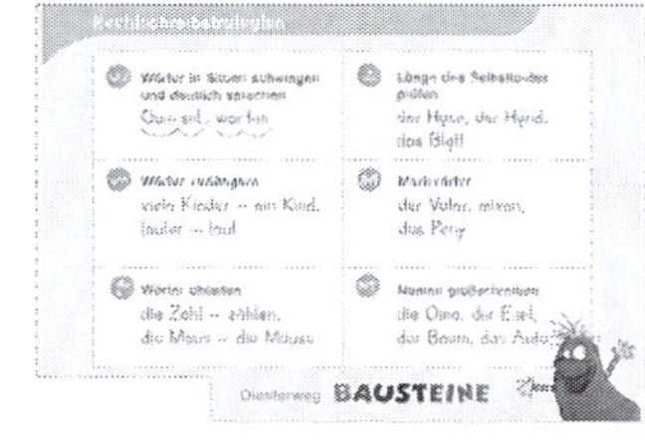

- Arbeitstechniken nutzen
- über Fehlersensibilität verfügen
- Übungsformen selbstständig nutzen

– SB, Seite 25

Texte überarbeiten: Schreibkonferenz

Name: ______________________

Marie und die Schokobonbons Neulich machte die Klasse einen Ausflug. Es ging zwei Stunden durch den Wald zur Knödelburg. Marie hatte sich von zu Hause eine Tüte mit Schokobonbons mitgebracht, obwohl ihre Mutter es verboten hatte. Aber nun aß sie ein Bonbon nach dem anderen. In aller Ruhe wickelt sie das Papier vom Bonbon, schiebt es in den Mund und – lässt das Papier fallen, wo sie gerade steht. Als Henri das sieht, läuft er zu Frau Pohl und fragt: „Gibt es wirklich auf der Burg eine Hexe, die uns mästen und aufessen will?“ Frau Pohl schaut Henri an, als sei er schon mehrmals in einen bösen Zaubertrank gefallen. Ein Zwerg schaut den beiden zu. Dann erklärt Henri: „Marie hat zwar keine Steine, aber sie wirft ein Bonbonpapier nach dem anderen auf den Weg, damit sie auch wieder zurückfindet.“ Frau Pohl lacht. Marie hat verstanden, was Frau Pohl ihr sagen wollte. Dann geht sie zu Marie und sagt: „Nun steckst du die restlichen Bonbons in deine Tasche und auf dem Rückweg hebst du alle Papiere auf. Oder willst du, dass der böse Wolf dich findet?“ Marie lacht.	

(1) Prüfe den Text mit den Schreibtipps.

(2) Schreibe deine Vorschläge zur Verbesserung rechts neben den Text.

Schreibtipps
- Einfache Vergangenheit verwenden.
- Reihenfolge beachten.
- Nur über wirklich Erlebtes schreiben.

– Texte auf Vollständigkeit und Wirkung überprüfen
– Überarbeitungskriterien kennen

– SB, Seite 28

Profikarte ___

Name: ______________________

		☆☆☆☆	☆
		☆☆☆☆	☆
		☆☆☆☆	☆
		☆☆☆☆	☆
		☆☆☆☆	☆
		☆☆☆☆	☆
		☆☆☆☆	☆
		☆☆☆☆	☆
		☆☆☆☆	☆
		☆☆☆☆	☆
		☆☆☆☆	☆
		☆☆☆☆	☆
		☆☆☆☆	☆
		☆☆☆☆	☆

(1) Trage die Übungswörter richtig ein.

(2) Markiere schwierige Stellen. Welche Strategie hilft? Trage das Zeichen ein.

(3) Übe die Wörter. Für jedes richtige Wort malst du einen Stern an.

(4) Wenn du viermal richtig geschrieben hast, malst du den großen Stern an.

- geübte, rechtschreibwichtige Wörter normgerecht schreiben
- Übungsformen selbstständig nutzen

- SB, Seite 29
- ÜH, Seite 19

Name: ______________________

Name				
Alter				
Tatort				

Pongo ist 25 Jahre alt.
Erne ist 8 Jahre älter als sein linker Nachbar.
Tami hat bei Einbrüchen immer zwei Geldsäcke dabei.
Der Verbrecher rechts neben Tami heißt Illi.
Pongo hat immer ein Schlüsselbund dabei.
Der rechte Nachbar von Erne ist fünf Jahre jünger als Illi.
Tamis rechter Nachbar ist 50 Jahre alt und überfällt gerne Gärtnereien.
Ernes rechter Nachbar überfällt Banken.
Ernes linker Nachbar bricht gerne in Villen ein.
Pongos rechter Nachbar überfällt Autohäuser.

(1) Lies die Sätze und fülle die Tabelle richtig aus.

– in Texten gezielt Informationen finden und zuordnen
– sinnentnehmendes Lesen üben

– SB, Seite 30/31

Notizen ordnen

Name: ______________________________

In das Baumhaus der Detektive wurde eingebrochen	Line verfolgt die Spuren	Die Detektive untersuchen das Gelände nach Spuren
Täter wohnt hier	Einbruch erkennt man an kaputter Eingangstür	Die Detektive berichten der Polizei vom Wohnort des Täters
Detektivin Line entdeckt vor dem Baumhaus frische Fußspuren, Größe 43	Die Spur endet direkt vor einem Haus ganz in der Nähe	Die Polizei kommt und überführt den Täter

1. Schneide die Notizen aus und ordne sie.

2. Schreibe zu den Notizen eine passende Detektivgeschichte.

Eine Geschichte vertonen

Name: ______________________

Text	Instrument / Geräusch

(1) Erstelle eine Klanggeschichte.

(2) Trage die Klanggeschichte vor.

– Texte für Veröffentlichung aufbereiten
– Texte präsentieren

– SB, Seite 33

Satzglieder kennen: Subjekt und Prädikat 1

Name: ______________________

Das Detektivbüro ist auf einem Baum.	Die Lupe vergrößert die Spuren.	Die Schuhe hinterlassen Abdrücke.	Der Polizist trägt einen Knüppel.
Der Einbrecher flüchtet.	Die Zeugin berichtet.	Der Polizist befragt die Anwohner.	Der Baum hat Blätter.
Der Hund hat einen langen Schwanz.	Die Tulpen blühen.	Der Einbrecher isst einen Apfel.	Die Leiter hängt an einem Ast.
Der Detektiv untersucht die Spuren.	Der Hund beißt den Einbrecher.	Die Kinder reparieren das Baumhaus.	Der Detektiv interviewt eine Zeugin.
Der Polizist jagt den Einbrecher.	Der Einbrecher trägt Handschellen.	Der Einbrecher klettert auf den Baum.	Der Vogel sitzt auf dem Ast.
Der Einbrecher verschwindet in einem Schacht.	Die Leiter führt zum Baumhaus.	Das Baumhaus gehört den Detektiven.	Der Einbrecher trägt eine Mütze.

(1) Spielt das Spiel.

Ziehe eine Satzkarte und bestimme das Subjekt und das Prädikat.

Sprache untersuchen

- sprachliche Operationen nutzen: umstellen
- Fachbegriffe kennen: Subjekt, Prädikat

- SB, Seite 34, 38
- ÜH, Seite 21, 25

Satzglieder kennen: Subjekt und Prädikat 2

Name: ______________________

Der Detektiv	verläuft	den Tatort.
Mit dem Fluchtfahrzeug	arbeitet	der Täter.
Die Fahndung	bringen	erfolglos.
Die Zeugenaussagen	untersucht	keine Hinweise.
Der Kommissar	flüchtet	bis spät in die Nacht hinein.

(1) Schreibe die Sätze auf.

(2) Finde das Subjekt und das Prädikat mit der passenden Frage und unterstreiche die Satzglieder.

(3) Schreibe eigene Sätze und unterstreiche das Subjekt und das Prädikat.

- sprachliche Operationen nutzen: umstellen
- Fachbegriffe kennen: Subjekt, Prädikat

- SB, Seite 34, 38
- ÜH, Seite 21, 25

Zeichensetzung bei wörtlicher Rede verwenden

Name: ______________________

DETEKTIV-WITZE FÜR DIE HOSENTASCHE

Detektiv Fritzchen
hustet schrecklich
Fragt der Lehrer
Hast du dich
verschluckt?
Der kleine Detektiv
antwortet Nein, ich
bin noch da

Sagt der Detektiv
Herr Ober, bringen
Sie mir ein
Wiener Schnitzel
Daraufhin
antwortet der Ober
Mit Vergnügen,
mein Herr
Nein, mit Pommes
antwortet der
Detektiv

Wie alt bist du
fragt der
Detektivmeister
seinen Lehrling.
Zehn antwortet
dieser
Und was willst du
mal werden will
der Meister wissen
Elf antwortet der
Lehrling.

Der Detektiv stellt
sich im Zirkus vor
Ist die Stelle des
Löwen-Dompteurs
noch frei
Nein, antwortet der
Direktor
Aber schauen Sie
doch morgen noch
mal vorbei meint
er

Detektiv Peter
kommt weinend zu
seiner Mutter
gelaufen
Mutti, Jonas hat
mir gehauen
Mich verbessert
die Mutter
Was, dir auch
erwidert Detektiv
Peter

Detektiv Simon
geht mit seinem
Vater durch den
Wald und fragt
Papa, haben
Brombeeren Füße
Aber nein, mein
Sohn antwortet der
Vater
Dann habe ich
wohl gerade einen
Käfer gegessen

Ein Detektiv kocht
sich zwei Spiegeleier.
Diese treffen sich
in der Pfanne Na,
wie geht´s fragt
das eine
Ach ich weiß
nicht, ich fühle
mich heute so
zerschlagen
antwortet das
andere.

1. Setze die Satzzeichen ein.
2. Bastle dein Witzebuch für die Hosentasche.

- wörtliche Rede mit vorangestelltem und nachgestelltem Begleitsatz kennen
- Zeichensetzung anwenden

- SB, Seite 35, 36 ,39
- ÜH, Seite 22, 23, 26

Merkwörter mit ä üben

Name: ____________________

D	Ä	M	M	E	R	U	N	G	V	S	C	H	R	Ä	G	V
W	V	M	N	B	Ö	P	N	E	C	Q	P	L	L	K	E	J
O	U	N	G	E	F	Ä	H	R	Ö	U	F	J	K	Ü	L	L
K	V	J	M	P	P	S	P	Ä	T	E	R	G	G	S	Ä	S
Ä	B	M	Ä	R	Z	U	W	T	R	Ä	N	E	S	F	N	K
N	K	P	V	W	Ü	C	H	L	L	K	Ä	F	I	G	D	A
G	S	L	W	Ä	H	R	E	N	D	K	C	H	H	G	E	P
U	Ä	S	F	H	U	V	M	M	Ä	F	U	P	B	Ä	R	I
R	G	V	Q	S	P	Ä	T	Z	M	Ä	H	N	E	L	L	T
U	E	Q	L	F	T	Ü	J	G	M	Ä	R	C	H	E	N	Ä
P	L	S	Ä	G	E	N	B	J	E	D	Ü	K	H	K	P	N
F	L	Ä	R	M	E	N	Ö	T	R	Z	Ö	K	Ä	S	E	J
F	Q	C	M	Ä	D	C	H	E	N	T	K	Ä	F	E	R	V

Mädchen	Käfer	Gerät	Dämmerung	spät	Träne
ungefähr	während	Mähne	Känguru	Käfig	Käse
Kapitän	Bär	Geländer	schräg	lärmen	Säge
Märchen	März	Lärm	sägen	dämmern	später

(1) Suche die Merkwörter im Suchsel.

____

____

____

____

____

(2) Schreibe die Merkwörter auf. Markiere das ä.

– Rechtschreibstrategien verwenden: Merkwörter mit ä üben
– rechtschreibwichtige Wörter normgerecht schreiben

– SB, Seite 37

Profikarte 3

Name: ______________________

	die Dämmerung	☆☆☆☆	☆
	das Gerät	☆☆☆☆	☆
	der Lärm	☆☆☆☆	☆
	das Mädchen	☆☆☆☆	☆
	spät	☆☆☆☆	☆
	die Träne	☆☆☆☆	☆
	ungefähr	☆☆☆☆	☆
	während	☆☆☆☆	☆
	aufräumen	☆☆☆☆	☆
	der Detektiv	☆☆☆☆	☆
	entdecken	☆☆☆☆	☆
	jetzt	☆☆☆☆	☆
	der Kommissar	☆☆☆☆	☆
	das Motiv	☆☆☆☆	☆
	passend	☆☆☆☆	☆
	stattfinden	☆☆☆☆	☆

1. Markiere in den Übungswörtern die schwierigen Stellen.
2. Übe die Wörter. Für jedes richtige Wort malst du einen Stern an.
3. Wenn du ein Wort viermal richtig geschrieben hast, malst du den großen Stern an.

- geübte, rechtschreibwichtige Wörter normgerecht schreiben
- Übungsformen selbstständig nutzen

– SB, Seite 37
– ÜH, Seite 24

Abschreibtext üben

Name: ______________________

EinbruchimBaumhaus
EinEinbrecheristindasBaumhausderDetektiveeingestiegen.DerEinbruchfandinder spätenAbendzeitstatt.TagsüberwarimBaumhausnochallesinOrdnung.Jetztistdas Baumhausverwüstet.WährendeinpaarDetektivedasBaumhausaufräumen,verfolgen LineundPitSpuren.AufdiesemWegistsicherlichder Tätergeflüchtet,sagtLine.Nadannlassunsmaldie Polizeiverständigen,antwortetPit.AmAbend befragtKommissarStorzdenTäter.

① Trenne die Wörter durch Striche ab.

② Schreibe den Text richtig auf.

- methodisch sinnvoll abschreiben
- über Fehlersensibilität verfügen
- Übungsformen selbstständig nutzen

– SB, Seite 37

Ein Rollenspiel vorbereiten

Name: ______________________________

① **Worum geht es?** Mit welcher Situation soll das Spiel beginnen? Was geschieht? Wie endet die Darstellung? ____________________ ____________________ ____________________ ____________________ ____________________	② **Wer?** Welchen Personen sollen dargestellt werden? Wer übernimmt welche Rolle? ____________________ ____________________ ____________________ ____________________ ____________________
③ **Was brauchen wir?** Welche besonderen Dinge (Requisiten) brauchen wir, damit die Zuschauer die Handlung verstehen? ____________________ ____________________ ____________________ ____________________ ____________________	④ **Wie spielen wir?** Wie sind die Personen? Was würden sie in den einzelnen Situationen tun? ____________________ ____________________ ____________________ ____________________ ____________________

① Besprecht eure Ideen und schreibt sie auf.

- Perspektiven einnehmen
- sich in eine Rolle hineinversetzen und sie gestalten

– SB, Seite 40

Abschreiben üben: Knickdiktat

Name: ____________________

Das gestohlene Kaninchen

Am Morgen will Dalia ihr Kaninchen füttern.
Sie geht in den Garten.
Aber der Stall ist leer
und das Kaninchen ist weg.
Dalia hat sofort einen Verdacht.
Aber da hört sie plötzlich ein leises Geräusch
aus der anderen Ecke des Gartens.
Dort ist das Gemüsebeet,
in dem viele Möhren wachsen.

1. Bereite den Text zum Abschreiben vor und markiere schwierige Stellen.
2. Knicke die Schreiblinien auf die Rückseite.
3. Schreibe den Text als Knickdiktat ab.

- Arbeitstechniken nutzen: Übungsformen selbstständig auswählen und anwenden
- methodisch sinnvoll abschreiben

- SB, Seite 41
- ÜH, Seite 27

Texte analysieren: Werbung

Name: ______________________

____

____

____

Wo hast du die Werbung entdeckt?

____

____

Für was wird geworben?

____

____

____

Was wird dir in dieser Werbung versprochen?

____

____

____

Wie lautet der Werbespruch?

____

____

Gibt es Reime? Wenn ja, welche?

____

____

____

Welche Adjektive werden verwendet?

____

____

____

Welche Farben wurden verwendet?

(1) Wähle eine Werbung aus. Beantworte die Fragen.

- Wirkung von Sprache reflektieren und bewerten
- Verwertungszusammenhang klären: Werbung

- SB, Seite 42/43
- ÜH, Seite 28

Texte gestalten: Werbeplakat

Name: ______________________________

(1) Gestalte für das Einrad ein passendes Werbeplakat.

- sprachliche und gestalterische Mittel gezielt einsetzen
- Verwertungszusammenhang klären: Werbeplakat

- SB, Seite 44/45
- ÜH, Seite 28

Satzglieder kennen: Wen-oder-was-Ergänzung

Name: ______________________________

Subjekt	Prädikat	Wen-oder-was-Ergänzung
Der Hase	knabbert	
Der Hausmeister	repariert	
Quiesel	isst	
Das Mädchen	bastelt	
Ein Mann	schiebt	
Anton	ärgert	
Der Klassenlehrer	fragt	
Der Zirkusclown	füttert	
Der Frisör	färbt	
Der Computerladen	verkauft	
Das Angler	angelt	
Der Schuhmacher	poliert	
Anna	hat	

1. Finde mit der Frage **Wen oder was ...?** eine passende Wen-oder-Was-Ergänzung und trage diese ein.
2. Schreibe die Sätze auf und markiere die Wen-oder-Was-Ergänzung.

– sprachliche Operationen nutzen: umstellen, fragen, ergänzen
– Fachbegriffe kennen und verwenden

– SB, Seite 46, 50
– ÜH, Seite 29, 33

Grundwort und Bestimmungswort kennen

Name: ______________________________

1. Schneide die Karten aus.
2. Finde jeweils zwei Karten, die sich als Grund- und Bestimmungswort zusammensetzen lassen. Schreibe die Wörter auf und markiere den Artikel.

- Möglichkeiten der Wortbildung kennen und anwenden
- Komposita kennen und bilden

- SB, Seite 47, 51
- ÜH, Seite 30, 34

Rechtschreibstrategien verwenden: Vokallänge prüfen

Name: ______________________

kurzer Vokal + verschiedene Konsonanten	kurzer Vokal + doppelter Konsonant	f/ff Gira____en
n/nn Ga____s	p/pp Pu____e	n/nn So____tag
f/ff A____e	s/ss geschlo____en	s/ss Fe____t
f/ff Wa____eln	m/mm Ha____er	n/nn So____e
n/nn Pri____z	m/mm beko____en	s/ss Genu____
s/ss Ta____e	n/nn Ki____d	l/ll Schi____d

(1) Musst du einen oder zwei Konsonanten einsetzen?
Ordne die Wörter auf KV 42.

(2) Schreibe die Wörter geordnet mit den passenden Mitlauten auf.

Rechtschreibstrategien verwenden: Verlängern

Name: ____________________

b oder d oder g	p oder t oder k	b/p Lau____
b/p Gra____	d/t Lan____	d/t Bran____
g/k Ber____	g/k stren____	d/t Ran____
b/p Stau____	b/p Telesko____	b/p plum____
d/t Luf____	d/t bun____	g/k Gelen____
g/k Geschen____	d/t Wor____	g/k Schran____

1. Ergänze die fehlenden Buchstaben.
   Ordne die Wörter auf KV 42.

Rechtschreibstrategien verwenden: Blanko-Tabelle

Name: ______________________

– Blankovorlage für KV 40 und 41

– SB, Seite 48, 49

Profikarte 4

Name: ____________________

	der Affe	☆☆☆☆	☆
	auffallen	☆☆☆☆	☆
	der Flugzettel	☆☆☆☆	☆
	der Geldbeutel	☆☆☆☆	☆
	der Genuss	☆☆☆☆	☆
	der Hummer	☆☆☆☆	☆
	die Klapperschlange	☆☆☆☆	☆
	der Staubsauger	☆☆☆☆	☆
	der Fernsehspot	☆☆☆☆	☆
	das Interesse	☆☆☆☆	☆
	ohne	☆☆☆☆	☆
	die Stadt	☆☆☆☆	☆
	überall	☆☆☆☆	☆
	werben	☆☆☆☆	☆
	der Zoo	☆☆☆☆	☆
	zumindest	☆☆☆☆	☆

(1) Markiere in den Übungswörtern die schwierigen Stellen.

(2) Übe die Wörter. Für jedes richtige Wort malst du einen Stern an.

(3) Wenn du ein Wort viermal richtig geschrieben hast,
malst du den großen Stern an.

- geübte, rechtschreibwichtige Wörter normgerecht schreiben
- Übungsformen selbstständig nutzen

Abschreibtext üben

Name: ____________________

überall ist werbung
überall in unserer stadt kann man werbung entdecken.
der zoo wirbt auf einem werbeplakat
für seine seltenen klapperschlangen
und affen. der werbespruch eines kaufhauses wird gerade
vom örtlichen radiosender gespielt. ein feinkostladen wirbt
für seine hummer, die man mit viel genuss verspeisen kann.
ein staubsauger, der von allein und ohne kabel den boden
saugt, wird in einem fernsehspot gezeigt.

(1) Markiere die Nomen und die Satzanfänge.

(2) Schreibe den Text richtig auf.

(3) Unterstreiche die zusammengesetzten Nomen.

- methodisch sinnvoll abschreiben
- über Fehlersensibilität verfügen
- Übungsformen selbstständig nutzen

- SB, Seite 49

Wörter nachschlagen

Name: ______________________

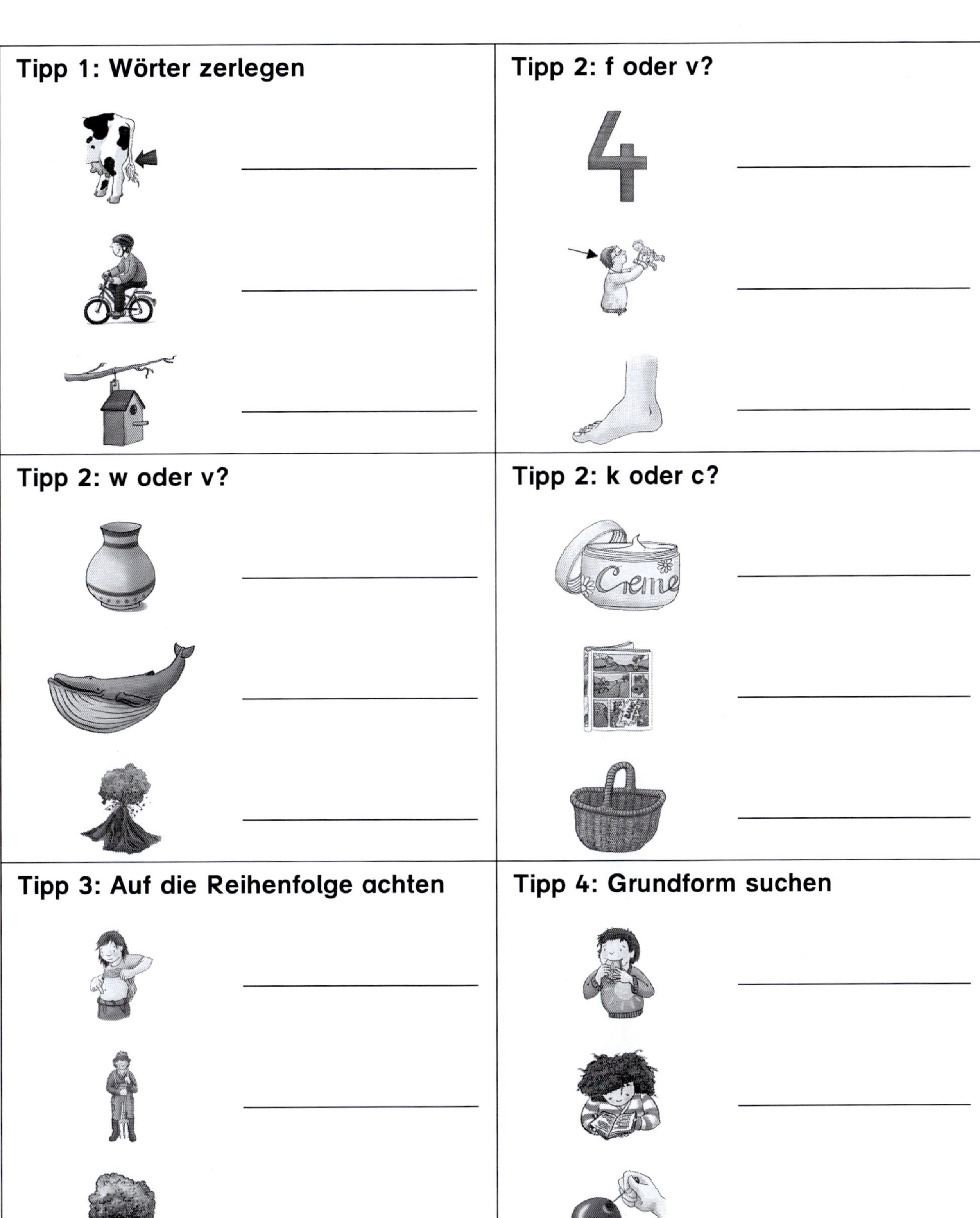

(1) Suche die Wörter in der Wörterliste.

(2) Schreibe die Wörter richtig auf.

- Rechtschreibhilfe verwenden: Wörterliste / Wörterbuch
- über Fehlersensibilität verfügen

- SB, Seite 52

Ideen finden und notieren: Wörter-Labor

Name: ______________________

Wir suchen Wörter zu dem Thema

____

1. Entscheidet euch für ein Thema.
2. Trage deine Wörter zu dem Thema ein.

3. Vergleicht eure Listen. Welche neuen Wörter findet ihr oder welche lassen sich erfinden? Schreibe sie auf.

- Wörter sammeln und ordnen
- kreativ und spielerisch mit Sprache umgehen

- SB, Seite 53
- ÜH, Seite 35

Kinderrechte kennen

Name: ______________________

Recht auf

Gleichbehandlung einen eigenen Namen und eine Staatszugehörigkeit
Gesundheit Bildung und Ausbildung Freizeit, Spiel und Erholung
eine eigene Meinung eine gewaltfreie Erziehung sofortige Hilfe
eine Familie Betreuung bei Behinderung

(1) Welche Kinderrechte fallen dir zu den Bildern ein? Schreibe auf.

- eigene Meinung begründen
- funktionsangemessen sprechen: argumentieren, informieren

- SB, Seite 54–57

Texte für die Wandzeitung auswählen

Name: ______________________________

Alle Kinder der Welt haben das Recht auf Gleichbehandlung.	Alle Kinder der Welt haben das Recht auf einen eigenen Namen und eine Staatszugehörigkeit.
Alle Kinder der Welt haben das Recht auf Gesundheit.	Alle Kinder der Welt haben das Recht auf Bildung und Ausbildung.
Alle Kinder der Welt haben das Recht auf Freizeit, Spiel und Erholung.	Alle Kinder der Welt haben das Recht auf eine eigene Meinung.
Alle Kinder der Welt haben das Recht auf eine gewaltfreie Erziehung.	Alle Kinder der Welt haben das Recht auf sofortige Hilfe.
Alle Kinder der Welt haben das Recht auf eine Familie.	Alle Kinder der Welt haben das Recht auf Betreuung bei Behinderung.

1. Zu welchem Kinderrecht willst du eine Wandzeitung gestalten?
2. Bildet Gruppen und arbeitet gemeinsam zu eurem Thema.

Hier geht es um Kinderrechte.

- Verwertungszusammenhang klären
- mit sprachlichen Mitteln zielgerichtet umgehen

- SB, Seite 56/57
- ÜH, Seite 36

Ortsergänzungen verwenden

Name: ______________________

zur Arbeit	im Bett	zur Schule	zum Bäcker
am Frühstückstisch	neben meinem Stuhl		
über die Straße	vor der Haustür	aus der Obstschale	
aus einem Auto	an der Ampel	auf die Ampelmännchen	

Am frühen Morgen gehen fast alle Leute ______________________.

Unser Opa zum Beispiel geht ______________________.

Müllers haben Urlaub und liegen ______________________.

Tina und ich gehen ______________________.

Wir sitzen noch ______________________.

______________________ liegt Kater Karl.

Dann nehmen wir noch jeder

einen Apfel ______________________.

Wir winken noch einmal ______________________.

______________________ warten Angela

und Anna auf uns.

Wir sehen gespannt ______________________.

Laute Musik dröhnt ______________________.

Bei Grün gehen wir ______________________.

1. Trage die passenden Ortsergänzungen ein.
2. Schreibe zu den Sätzen die Fragen nach der Ortsergänzung auf.

- sprachliche Operationen nutzen: umstellen, ergänzen, fragen
- Fachbegriffe kennen und verwenden

- SB, Seite 58, 62
- ÜH, Seite 37, 41

Zeitergänzungen verwenden

Name: ____________________

in den Ferien	vor acht Uhr	nach einer Weile	
meistens	um neun Uhr	pünktlich	zuerst
dann	nach dem Frühstück	mehrmals	
eine halbe Stunde	seit ein paar Tagen		

____________________ schlafen wir lange.

____________________ wird bei uns niemand wach.

Wir bleiben ____________________ noch im Bett liegen.

Aber ____________________ zieht Kater Karl an der Decke.

____________________ sitzen alle am Frühstückstisch.

____________________ kommt Opa mit den Brötchen.

Opa liest ____________________ die Zeitung.

____________________ braucht er seinen Kaffee.

____________________ haben alle etwas zu tun.

Tina braucht ____________________ im Bad.

Mama telefoniert ____________________ mit ihrer Freundin.

Und ich warte ____________________ auf ein Paket von Oma.

(1) Trage die passenden Zeitergänzungen ein.

(2) Schreibe zu den Sätzen die Fragen nach der Zeitergänzung auf.

- sprachliche Operationen nutzen: umstellen, ergänzen, fragen
- Fachbegriffe kennen und verwenden

– SB, Seite 58, 62
– ÜH, Seite 38, 41

Andere Sprachen kennen: Englisch

Name: ______________________________

1. Was möchten die Menschen wissen?
2. Schreibe die Fragen in deutscher Sprache in die Sprechblasen.
3. Markiere alle Fragewörter und vergleiche.

Sprache untersuchen

Rechtschreibstrategien verwenden: Schwingen

Name: ___________________________

die Reie   der Weier   die Müe   die Brüe   die Kräe

ween   steen   flieen   mäen   die Rue   leien   der Späer   die True

blüen   droen   die Höe   seen   dreen   glüen

die Küe   die Ree   die Zeen   nae   roe

die Flöe   früer   zäer   die Schue   die Geweie

(1) Zeichne die Silbenbögen ein.

____

____

____

____

____

____

____

____

____

____

(2) Schreibe die Wörter mit silbentrennendem h richtig auf.

Fremdwörter kennen und üben

Name: ______________________

Orchester	Cowboy	Cousin	Theater	Sandwich	Jeans	Ketchup
Xylofon	Cappuccino	Toast	Karneval	Pizza	Bonbon	Friseur
Thermometer	Spaghetti	Limousine	Strophe	Piano	Portemonnaie	

Viehhirte												
Sohn von Onkel oder Tante												
Gebäude für Schauspiele												
Imbiss mit Brotscheiben												
Messgerät für Temperaturen												
Hosen aus Baumwolle												
anderes Wort für Fastnacht												
Sauce aus Tomaten												
Musikinstrument mit Klangstäben												
viele Musiker, die zusammen spielen												
Kaffee aus Espresso und Milch												
geröstetes Weißbrot												
würziges italienisches Fladenbrot												
feste Süßigkeit												
Geldbörse												
jemand, der Haare schneidet												
italienische runde, lange Nudeln												
großes, schickes, langes Auto												
Abschnitt in einem Gedicht												
Klavier												

(1) Finde die richtigen Fremdwörter. Trage sie in das Rätsel ein.

Profikarte 5

Name: ______________________

	der Cousin	☆☆☆☆	☆
	gehen	☆☆☆☆	☆
	die Jeans	☆☆☆☆	☆
	der Ketchup	☆☆☆☆	☆
	nähen	☆☆☆☆	☆
	das Orchester	☆☆☆☆	☆
	die Spaghetti	☆☆☆☆	☆
	stehen	☆☆☆☆	☆
	flicken	☆☆☆☆	☆
	heißen	☆☆☆☆	☆
	Italien	☆☆☆☆	☆
	die Pizza	☆☆☆☆	☆
	das Theater	☆☆☆☆	☆
	der Verwandte	☆☆☆☆	☆
	wohnen	☆☆☆☆	☆
	das Xylofon	☆☆☆☆	☆

1. Markiere in den Übungswörtern die schwierigen Stellen.
2. Übe die Wörter. Für jedes richtige Wort malst du einen Stern an.
3. Wenn du ein Wort viermal richtig geschrieben hast, malst du den großen Stern an.

– geübte, rechtschreibwichtige Wörter normgerecht schreiben
– Übungsformen selbstständig nutzen

– SB, Seite 61
– ÜH, Seite 40

Abschreibtext üben

Name: ______________________

Eine Woche bei Luigi

Meine Mama kommt aus Italien. Dort hat sie noch viele Verwandte, zum Beispiel meine Oma. Einmal im Jahr fahren wir hin. Bei Oma gibt es die besten Spaghetti mit selbstgemachter Tomatensoße. Oma wäscht uns den Ketchup aus den Jeans oder näht gerne für uns Kinder. Luigi wohnt im gleichen Haus. Er ist mein Cousin. Tagsüber gehen wir oft ans Meer. Jeden Nachmittag muss Luigi ins Theater. Er spielt Piano im Orchester. Ich darf mit zu den Proben. Manchmal spiele ich auf dem Xylofon. Danach gehen wir meistens zu Tino, dem besten Pizza-Bäcker.

1. Markiere die schwierigen Stellen, die du dir besonders merken willst.

____

____

____

____

____

____

____

____

____

____

____

____

____

2. Schreibe den Text mit der Quiesel-Karte ab.

- methodisch sinnvoll abschreiben
- über Fehlersensibilität verfügen
- Übungsformen selbstständig nutzen

- SB, Seite 61

Eine Wandzeitung bewerten: Checkliste

Name: ______________________

☐ Gibt es ausreichend Informationen?	☐ Fehlt etwas Wichtiges?
☐ Ist alles gut lesbar?	☐ Kann man alles verstehen?
☐ Passt die Wortwahl?	☐ Sind die Sätze vollständig und verständlich?
☐ Sind die Buchstaben groß und deutlich?	☐ Sind die Texte gut angeordnet?
☐ Passen Bilder zu dem Text?	☐ Passt die Überschrift?
☐ Sind die Farben gut gewählt?	☐ Werden die Leute auf die Wandzeitung aufmerksam?
☐ Bekommt man Lust, sich die ganze Wandzeitung anzuschauen?	☐ Kann man die Schaubilder und Tabellen verstehen?
☐ Können die Leser mit euch reden oder euch schreiben?	☐ Welche Fehler wollt ihr verbessern?

(1) Prüfe die Wandzeitung mit der Checkliste.

(2) Welche Vorschläge hast du, um die Wandzeitung besser zu machen?

– Text auf Verständlichkeit und Wirkung überprüfen
– Überarbeitungskriterien kennen und anwenden

– SB, Seite 64

Stichpunkte finden und Notizen schreiben

Name: ______________________

Lieblingsspiele	
Es ist nicht weit bis zum Spielplatz. Und am liebsten spiele ich dort mit meinen Freundinnen und Freunden.	
Auf dem Weg zum Spielplatz klingle ich bei Arzu. Manchmal kommt sie erst später nach. Arzu hockt gern im Sandkasten und spielt ganz konzentriert mit den kleinen Kindern.	
Leon sitzt immer schon auf der Schaukel, wenn ich ankomme. Leon schaukelt so hoch, dass ich manchmal ganz nervös werde. Leon hat noch zwei große Brüder.	
Und das ist noch Tanja. Tanja kommt aus Serbien. Sie lebt mit ihrer Großmutter direkt in dem Haus auf der gegenüberliegenden Straßenseite. Tanja ist im Mädchen-Fußballverein. Auf den Spielplatz geht sie nur mit Ball. Tanja kann ich mir ohne Fußball nicht vorstellen.	
Zum Schluss sitzen wir noch etwas auf der Rutsche. Da geht es immer fidel zu. Dann gehen wir nach Hause.	

① Welche Sätze passen zur Überschrift? Unterstreiche sie.

② Mit welchen Wörtern kannst du die wichtigsten Informationen kurz wiedergeben? Schreibe sie als Notizen auf.

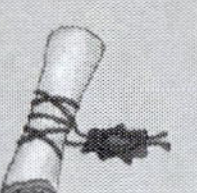

Wer macht was?

Name: ______________________

Thema	Namen

– Arbeitsverhalten in der Gruppe planen und dokumentieren
– andere im Lernprozess unterstützen

– SB, Seite 67

Notizen schreiben

Name: ____________________

① Welche Informationen sind wichtig?
Schreibe Notizen zu den Texten auf Seite 68 in das passende Feld.

- in Texten gezielt Informationen finden
- Lernergebnisse stichpunktartig notieren

- SB, Seite 68
- ÜH, Seite 44

Satzglieder kennen: Wem-Ergänzung

Name: ______________________

Lisa	danken	der Spur
Die Kinder	begegnet	dem Polizisten
Der Detektiv	folgt	einer Katze

(1) Welche Wörter kannst du zu einem Satz zusammensetzen?
Male diese Wörter in der gleichen Farbe an.

____

____

____

____

____

____

(2) Schreibe die Sätze und die Frage nach der Wem-Ergänzung auf.
Unterstreiche die Antwort im Satz.

Den Kindern der Klasse 4a schmeckt das Eis gut.

____

Am Ende des Tages gratuliert die Bürgermeisterin dem Sieger.

____

Im Schwimmunterricht vertrauen die Kinder dem Schwimmlehrer.

____

Luisa, Melina und Tino helfen der Lehrerin im Kunstunterricht.

____

(3) Frage nach der Wem-Ergänzung. Unterstreiche die Wem-Ergänzung im Satz.

- sprachliche Operationen nutzen: umstellen, fragen, ergänzen
- Fachbegriffe kennen und verwenden

- SB, Seite 70, 74
- ÜH, Seite 45, 49

Komma bei Aufzählungen verwenden

Name: ____________________

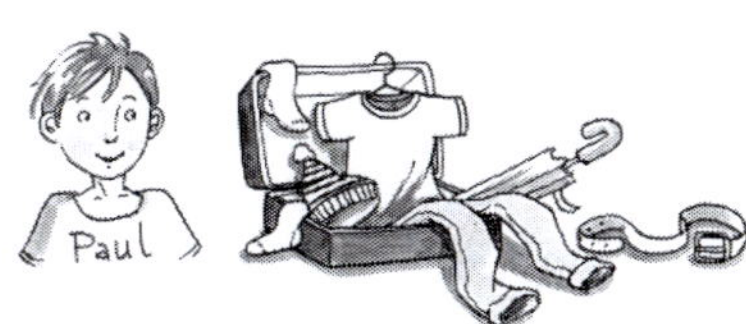

(1) Schreibe zu den Bildern jeweils einen Satz.
Verwende Aufzählungen und denke an die Kommas.

- grundlegende sprachliche Strukturen und Begriffe kennen: Komma
- Zeichensetzung beachten: Aufzählung

- SB, Seite 71, 75
- ÜH, Seite 46, 50

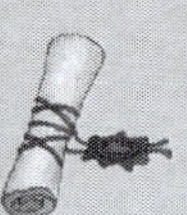

Rechtschreibstrategien verwenden: Ableiten

Name: ______________________

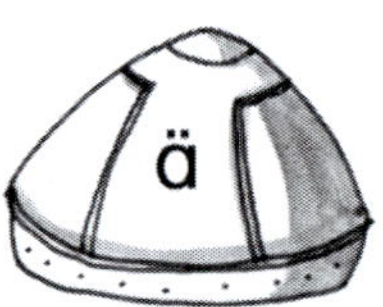

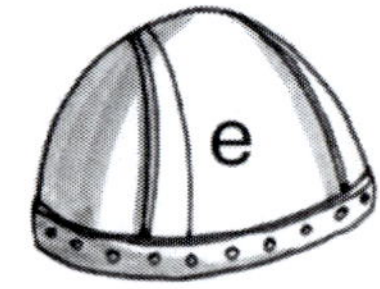

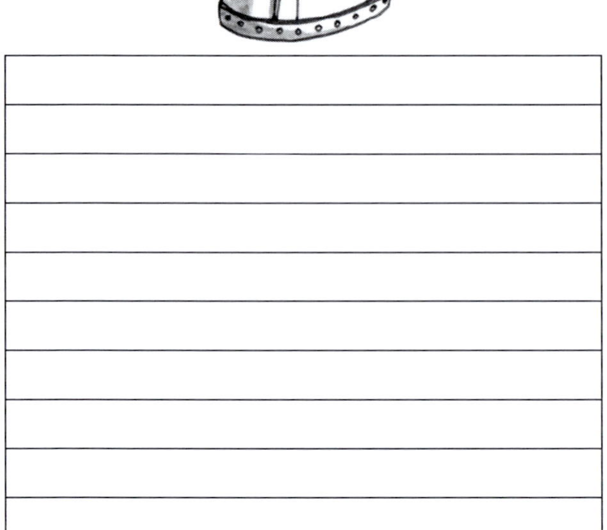

K●gel Tr●me Bl●schen K●tte Abent●er S●gel H●schen R●gal B●le W●lder L●mmchen ●lter befr●ndet R●tsel Z●ne M●se er l●ft W●tte sch●men N●bel d●tlich gr●lich er h●lt k●lter B●me ●ropa L●hm F●erwehr Bes●fnis w●rmer s●bern L●nder ●le Sch●ne n● B●tezug St●ngel R●gen K●ller bel●bt

(1) Wie heißen die Wörter? Schreibe sie geordnet auf.

Rechtschreibstrategien verwenden: Ableiten (Tabelle)

Name: ______________________

⚀ ⚄ ä	⚂ ⚅ äu	⚁ e	⚃ eu

(1) Würfle und trage die Wörter ein.

- Rechtschreibstrategien verwenden: Ableiten
- Prinzip der Stammbildung nutzen

– SB, Seite 72
– ÜH, Seite 47

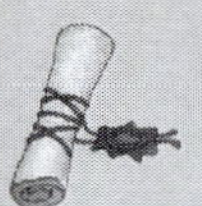

Rechtschreibstrategien verwenden: Verlängern

Name: ______________________________

gi●t	we●t	hus●et	lie●t	sin●t	
schwei●t	bin●et	schrei●t	hu●t	stin●t	pum●t
lie●t	grä●t	sin●●t	dan●t	lä●t	be●et
ja●t	trin●t	kne●et	blin●t	fin●et	rei●et

b

p

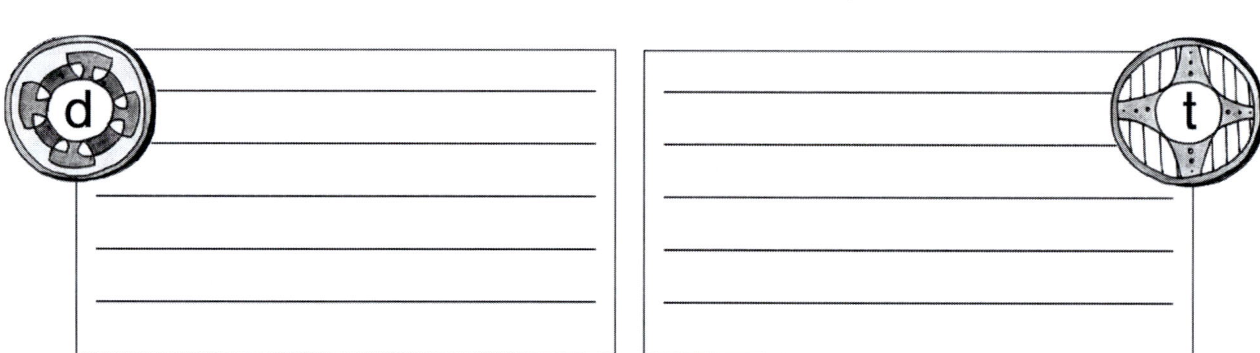

(1) Welcher Buchstabe fehlt?
Schreibe die Wörter zusammen mit ihrer Verlängerung richtig auf.

Profikarte 6

Name: ______________________

	braten	☆☆☆☆	☆
	erzählen	☆☆☆☆	☆
	der Händler	☆☆☆☆	☆
	pumpen	☆☆☆☆	☆
	rauben	☆☆☆☆	☆
	tragen	☆☆☆☆	☆
	trinken	☆☆☆☆	☆
	weben	☆☆☆☆	☆
	außerdem	☆☆☆☆	☆
	Dänemark	☆☆☆☆	☆
	Grönland	☆☆☆☆	☆
	das Langboot	☆☆☆☆	☆
	die Rune	☆☆☆☆	☆
	die Siedlung	☆☆☆☆	☆
	der Webstuhl	☆☆☆☆	☆
	der Wikinger	☆☆☆☆	☆

1. Markiere in den Übungswörtern die schwierigen Stellen.
2. Übe die Wörter. Für jedes richtige Wort malst du einen Stern an.
3. Wenn du ein Wort viermal richtig geschrieben hast, malst du den großen Stern an.

- geübte, rechtschreibwichtige Wörter normgerecht schreiben
- Übungsformen selbstständig nutzen

– SB, Seite 73
– ÜH, Seite 48

Abschreibtext üben

Name: ______________________

karl hat in der schule viel über die wikinger gelernt. die wikinger lebten vor über 1000 jahren auch in unserem nachbarland dänemark. ihre langhäuser standen in kleinen siedlungen zusammen. besonders berühmt sind die wikinger für ihre tollen schiffe, auch langboote genannt. damit sind sie sogar bis nach grönland gereist. auf einem großen webstuhl webten die wikingerfrauen die kleidung. den frisch gefangenen fisch brieten sie über der kochstelle. ihr alphabet bestand aus runen. in den ferien fährt karl mit seinen eltern nach haithabu. dort kann er wikingerhäuser und eine landebrücke besichtigen.

(1) Markiere alle Satzanfänge und Nomen.

(2) Schreibe den Text richtig auf.

- methodisch sinnvoll abschreiben
- über Fehlersensibilität verfügen
- Übungsformen selbstständig nutzen

– SB, Seite 73

Name: ______________________

Unser Thema: ______________________

Welche Arbeitsregeln sind uns wichtig?	Was wollen wir als Ergebnis haben?
1 ______	1 ______
2 ______	2 ______
3 ______	3 ______
Wie teilen wir uns die Arbeit ein?	**Wie können wir uns gegenseitig helfen?**
1 ______	1 ______
2 ______	2 ______
3 ______	3 ______
Wie gehen wir vor?	**Was ist uns gut gelungen?**
1 ______	1 ______
2 ______	2 ______
3 ______	3 ______

(1) Bildet Arbeitsgruppen und einigt euch.

– gemeinsame Vorhaben planen
– über Lernerfahrungen sprechen und andere unterstützen

– SB, Seite 76

Referat halten:
Tipps zur Bewertung

Name: ______________________________

Tipps zum Referat	Kontrolle	Vorschläge und Ideen
Es wurde laut gesprochen.	☐ ja ☐ nein	
Es wurde deutlich gesprochen.	☐ ja ☐ nein	
Es wurde frei gesprochen.	☐ ja ☐ nein	
Wir haben uns angesehen.	☐ ja ☐ nein	
Es war eine gute Stimmung.	☐ ja ☐ nein	
Am Anfang war sofort klar, worum es ging.	☐ ja ☐ nein	
Die Reihenfolge hat gepasst.	☐ ja ☐ nein	
Die Plakate haben mir geholfen.	☐ ja ☐ nein	
Die Gegenstände haben mir geholfen.	☐ ja ☐ nein	
Unbekannte Wörter wurden erklärt.	☐ ja ☐ nein	
Schwierige Dinge wurden erklärt.	☐ ja ☐ nein	
Ich habe das Referat verstanden.	☐ ja ☐ nein	
Meine Fragen zum Referat wurden beantwortet.	☐ ja ☐ nein	
Das hätte ich mir noch gewünscht:	______________________________ ______________________________ ______________________________	

(1) Höre gut zu. Notiere deine drei Tipps.

- Lernergebnisse präsentieren: Referat
- andere in ihrem Lernprozess unterstützen
- Sachverhalte nachvollziehbar vortragen

– SB, Seite 77
– ÜH, Seite 51

Fragen für ein Interview sammeln

Name: ______________________

Wo genau arbeiten Sie in der Raumstation?	Wie oft umkreist die Raumstation die Erde?	Wie gehen Sie mit der Schwerelosigkeit um?
Wie viele Stunden arbeiten Sie am Tag?	Warum haben Sie sich den Beruf ausgesucht?	Wie haben Sie sich auf den Weltraum vorbereitet?
Wie verhält sich Wasser in der Raumstation?	Wie und wo schlafen Sie?	Was ist Ihre wichtigste Aufgabe an Bord?
Woran forschen Sie gerade?	Was passiert, wenn etwas kaputt geht?	Was passiert mit Ihrem Abfall?
Was tun Sie bei Ihrer Arbeit am liebsten?	Wie werden die Mahlzeiten eingenommen?	Gibt es eine Dusche an Bord?
Worin besteht der größte Unterschied zwischen dem Leben auf der Raumstation und dem Leben auf der Erde?	Was können Sie beobachten, wenn Sie von der Station aus die Erde betrachten?	______ ______ ______
______ ______ ______ ______	______ ______ ______ ______	______ ______ ______ ______

(1) Suche dir Fragen für dein Interview aus oder schreibe noch eigene dazu.

– Gespräche situationsangemessen planen
– Fragen zielgerichtet formulieren

– SB, Seite 79

Texte schreiben: Bastelanleitung

Name: ______________________________

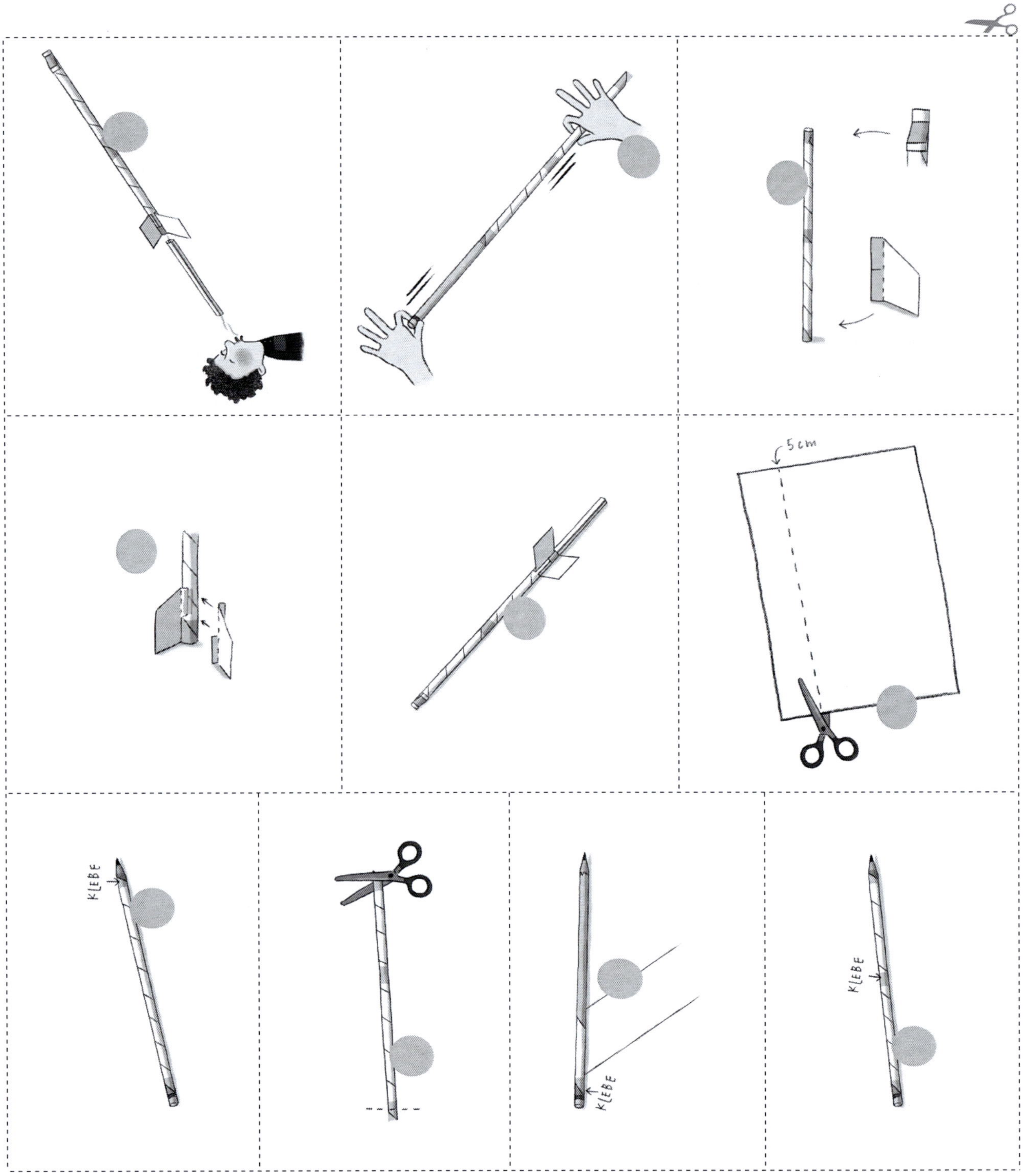

(1) Schneide die Bilder aus und bringe sie in die richtige Reihenfolge.

(2) Klebe die Bilder untereinander auf
und schreibe zu jedem Bild, was du tust.

(3) Bastle die Rakete.

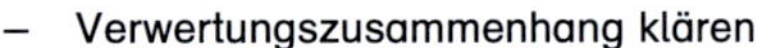

- Verwertungszusammenhang klären
- Texte planen und strukturiert schreiben: Bastelanleitung

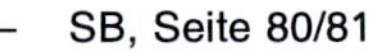

- SB, Seite 80/81
- ÜH, Seite 52

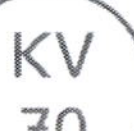

Nomen in den vier Fällen kennen

Name: ______________________

Wer-oder was-Fall	Wessen-Fall	Wem-Fall	Wen-oder -was-Fall

① Male die vier Flaggen in unterschiedlichen Farben an.

Der Hund wird Astronaut.	
Das Halsband gehört **dem Hund**.	
Der Hund sitzt in der Rakete.	
Die Rückkehr **des Hundes** wird erwartet.	

② Frage nach dem Fall des markierten Nomens und male das Kästchen hinter dem Satz mit der Farbe aus, die zu dem Fall des Nomens passt.

Jeden Tag wartet ______________________ auf dem Flugplatz.	
Das Futter schmeckt ______________________ nicht mehr.	
Der Hund fehlt ______________________ zum Spielen.	
Bei der Rückkehr ist die Freude ______________________ groß.	
Der Hund hat ______________________ auch vermisst.	

③ Setze das Nomen **Katze** ein. Prüfe mit der Frage den richtigen Fall.

④ Male das Kästchen in der richtigen Farbe an.

Der Hund hat vom Mars ______________________ mitgebracht.	
______________________ heißt: Wer fängt die Mäuse?	
Wer die meisten Mäuse fängt, ist der Gewinner ______________________.	
______________________ fehlen leider die Spielfiguren.	
Das macht ______________________ langweilig für die Freunde.	

⑤ Setze das Nomen **Spiel** ein. Prüfe mit der Frage den richtigen Fall.

⑥ Male das Kästchen in der richtigen Farbe an.

- grundlegende sprachliche Strukturen kennen: Fälle des Nomens
- sprachliche Operationen nutzen: fragen

- SB, Seite 82, 86
- ÜH, Seite 53, 57

Wortfamilien-Spiel 1

Name: ______________________

FAHREN	GEFAHR	BEFAHRBAR	FAHRSTUHL
ANFAHREN	GEFÄHRLICH	GEDÄCHTNIS	DENKEN
BEDÄCHTIG	VERDACHT	DENKBAR	GEDENKEN
FLUGZEUG	FLIEGEN	FLÜGEL	FLUGFÄHIG
NÄHMASCHINE	NÄHNADEL	NAHTZUGABE	VERNÄHEN

- Wörter strukturieren und Möglichkeiten der Wortbildung kennen
- Wortverwandtschaft erkennen

– SB, Seite 83
– ÜH, Seite 54

Wortfamilien-Spiel 2

Name: ______________________

ABFLIEGEN	BEFLÜGELT	TRAGEN	TRAGFLÄCHE
ERTRÄGLICH	VERTRAGEN	NACHTRAGEND	TRAGETASCHE
HAND	LINKSHÄNDER	HANDBALL	BEHÄNDE
HANDLICH	HANDTUCH	NÄHEN	NAHT

Spielregel für zwei Spieler:
Alle Karten werden verteilt. Jeder legt seine Karten verdeckt auf einen Stapel vor sich. Einer deckt seine erste Karte vom Stapel auf, legt sie in die Mitte; dabei sagt er „Schnipp".
Der Nächste deckt eine Karte auf, legt sie in die Mitte.
Gehören beide Karten zu einer Wortfamilie, bekommt der Spieler beide Karten, der zuerst „Schnapp" sagt. Die Kartenpaare werden extra abgelegt.
Es werden solange Karten aufgedeckt, bis jeder Spieler seinen Kartenstapel aufgebraucht hat.
Gewonnen hat der Spieler mit den meisten Wortpaaren.

- Wörter strukturieren und Möglichkeiten der Wortbildung kennen
- Wortverwandtschaft erkennen

– SB, Seite 83
– ÜH, Seite 54

Wörter mit ß finden

Name: ______________________

schießengenießenbeißenfließenheißensüßbarfußstrauß
außenheißgroßweißbloßspaßstraßefleißiggrüßenfuß
schließlichschließen

(1) Wo sind die Wortgrenzen?
Mache nach jedem Wort einen senkrechten Strich.

nicht innen: ______________________

sehr warm: ______________________

Gegenteil von klein: ______________________

Farbe des Schnees: ______________________

nur: ______________________

Scherz: ______________________

zusammengebundene Blumen: ______________________

Verkehrsweg: ______________________

tüchtig: ______________________

Guten Morgen sagen: ______________________

Körperteil: ______________________

Gegenteil von öffnen: ______________________

endlich: ______________________

ohne Strümpfe: ______________________

Gegenteil von sauer: ______________________

Bewegung des Wassers: ______________________

Gebrauch der Zähne: ______________________

einen Namen haben: ______________________

gern essen: ______________________

ein Tor machen: ______________________

(2) Finde die passenden Wörter und setze sie ein.

- Rechtschreibstrategien verwenden: Verlängern
- über Fehlersensibilität verfügen

- SB, Seite 84, 87
- ÜH, Seite 55, 58

Profikarte 7

Name: ______________________________

	das Glas	☆☆☆☆	☆
	heiß	☆☆☆☆	☆
	der Klecks	☆☆☆☆	☆
	der Kreis	☆☆☆☆	☆
	der Schluss	☆☆☆☆	☆
	der Spaß	☆☆☆☆	☆
	wolkenlos	☆☆☆☆	☆
	zwecks	☆☆☆☆	☆
	der Asteroid	☆☆☆☆	☆
	direkt	☆☆☆☆	☆
	die Erdbahn	☆☆☆☆	☆
	das Jahr	☆☆☆☆	☆
	der Meteorit	☆☆☆☆	☆
	die Milliarde	☆☆☆☆	☆
	das Sonnensystem	☆☆☆☆	☆
	speziell	☆☆☆☆	☆

1. Markiere in den Übungswörtern die schwierigen Stellen.
2. Übe die Wörter. Für jedes richtige Wort malst du einen Stern an.
3. Wenn du ein Wort viermal richtig geschrieben hast, malst du den großen Stern an.

- geübte, rechtschreibwichtige Wörter normgerecht schreiben
- Übungsformen selbstständig nutzen

- SB, Seite 85
- ÜH, Seite 56

Abschreibtext üben

Name: ______________________

Unser Sonnensystem

- [ ] Unser Sonnensystem umfasst die Sonne und acht Planeten, die um sie kreisen.
- [ ] Damit kann man direkt in die Sonne schauen.
- [ ] Außerdem kreisen noch Tausende von kleinen Planeten und andere Himmelskörper um die Sonne.
- [ ] Manchmal zeigt sich die Sonne von ihrer interessantesten Seite.
- [ ] Es sind Asteroide, Kometen und Meteoriten.
- [ ] Dann werden spezielle Brillen benötigt.
- [ ] Die Sonne ist der größte Himmelskörper in unserem Sonnensystem.
- [ ] Ist der Himmel richtig wolkenlos, erblickt man die Venus.
- [ ] Auf der Sonne sind noch andere dunkle Kleckse zu sehen.
- [ ] Dieser Planet wandert als kleiner schwarzer Punkt vor der Sonne entlang.
- [ ] An diesen Sonnenflecken ist die Sonne nicht so heiß.

(1) Bringe die Sätze in eine sinnvolle Reihenfolge.

(2) Schreibe die Sätze in der richtigen Reihenfolge auf. Nutze auch die Rückseite.

- methodisch sinnvoll abschreiben
- über Fehlersensibilität verfügen
- Übungsformen selbstständig nutzen

- SB, Seite 85

Texte am Computer überarbeiten

Name: ____________________

Heute **erscheint** Besuch. Die Gäste vom Planet der Tierfreunde **finden** um 12.00 Uhr die Umlaufbahn unserer Erde. Der Bürgermeister **nimmt** schnell die Bürgermeisterkette, **rafft** seinen Begrüßungstext und **braust** zum Weltraumbahnhof. Zuerst **fällt** ein junger Mann mit einer Löwenmähne aus der Rakete. Ein Mädchen mit einer Pony-Frisur **schleicht** die Treppe herunter. Der Bürgermeister **springt** auf die beiden zu, **bewegt** ihnen lange die Hand und **fordert** sie zu einem Besuch im Zoo ein. Die Gäste **ergötzen** sich über die Tiere. Die Affen **krabbeln** auf die höchsten Bäume. Die Löwen **reden** so laut sie können. Dicke Elefanten **dudeln** ihr schönsten Lied. Ein Flusspferd **schlägt** sein Maul riesig weit auf. Und zum Schluss **jubeln** die Seehunde Beifall.

1. Suche für die fett gedruckten Wörter passendere Wörter.
2. Schreibe die neuen Wörter in den Text.
3. Schreibe den Text neu auf.

- Texte sprachlich optimieren
- Wortfelder / Synonyme nutzen

- SB, Seite 88
- ÜH, Seite 59

Gemeinsam arbeiten: Think – pair – share

Name: ______________________________

Unsere Aufgabe: ____

______ Minuten	______________________________ ______________________________ ______________________________ ______________________________ ______________________________
 ______ Minuten	______________________________ ______________________________ ______________________________ ______________________________ ______________________________
 ______ Minuten	______________________________ ______________________________ ______________________________ ______________________________ ______________________________

1. Wählt ein Thema und arbeitet mit der Think-pair-share-Methode.
2. Notiert in jeder Phase euer Ergebnis.

– Anliegen und Konflikte gemeinsam diskutieren und klären
– zu einem Thema Stellung beziehen

– SB, Seite 89

Ideen sammeln und aufschreiben

Name: ______________________

Das mögen Jungen

Das mögen Mädchen

(1) Überlegt in eurer Gruppe gemeinsam, was Mädchen und Jungen gern mögen oder machen. Schreibt eure Ideen in die Felder

– Lernergebnisse präsentieren
– zu einem Thema Stellung beziehen

– SB, Seite 91

Texte planen:
Einleitung – Hauptteil – Schluss

Name: ___________________________

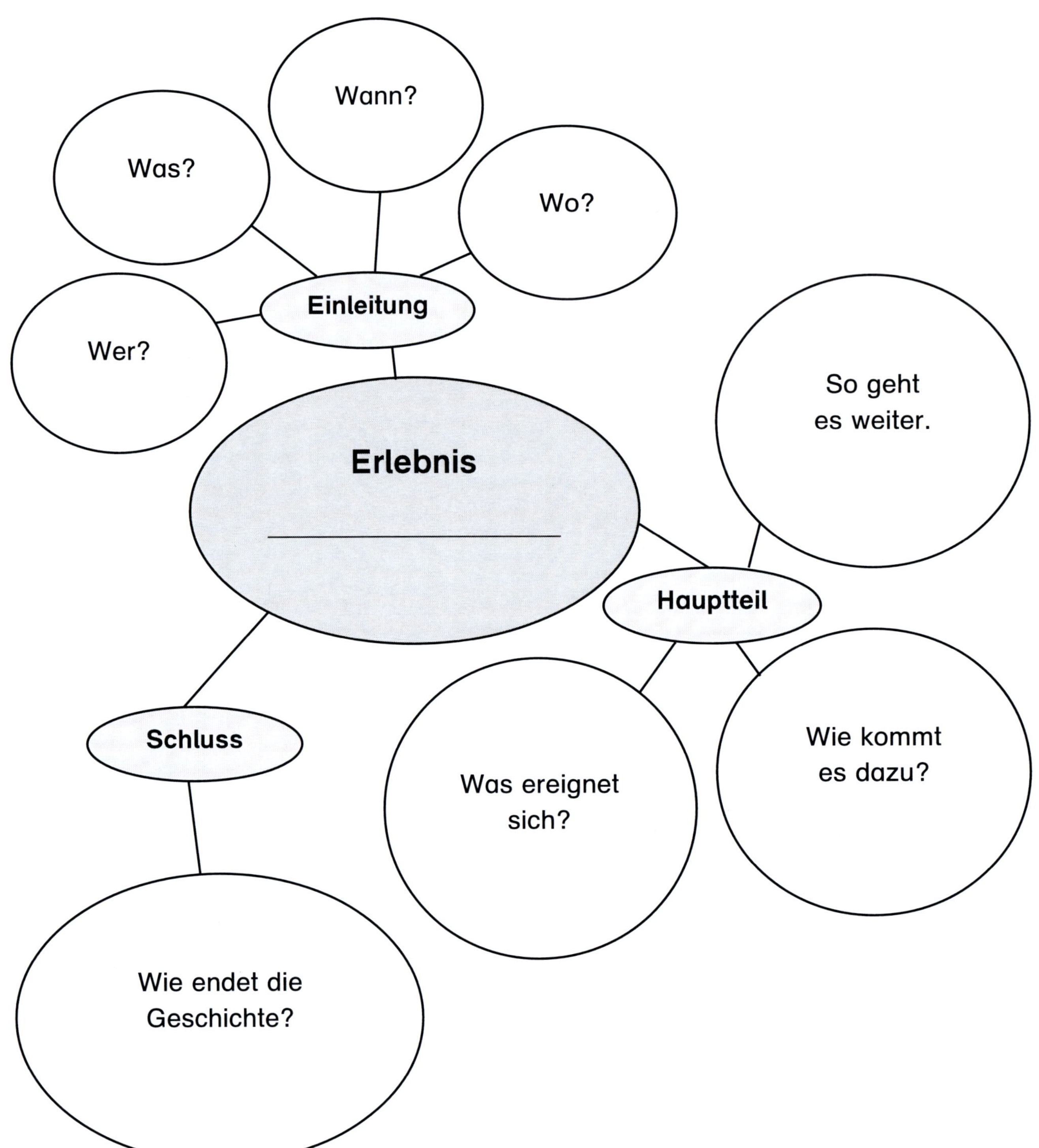

(1) Plane deine Erlebnisgeschichte mit der Ideensammlung.
Du kannst für deine Ideen auch weitere Formen und Striche ergänzen.

- Ideen sammeln und ordnen
- Planungsmethoden kennen und nutzen

- SB, Seite 92/93
- ÜH, Seite 60

Texte überarbeiten: Erlebnisgeschichte

Name: ______________________

Im Kaufhaus

Als ich mit meinen Eltern letzte Woche im großen Kaufhaus war, bin ich verloren gegangen. Es gab so viele tolle Dinge zu sehen, da achtete ich einfach nicht auf meine Mutter und meinen Vater. Als ich gerade ein neues Fahrrad ganz genau untersuchte, fiel mir auf, dass ich meine Eltern schon länger nicht mehr gesehen hatte. Ich bekomme einen riesengroßen Schrecken! Wo waren sie? Ich lief durch die Abteilung und suchte überall. Doch meine waren nirgendwo zu sehen. Ich suchte eine Verkäuferin und fragte nach dem Weg in die Elektroabteilung. Plötzlich fiel mir ein, dass meine Eltern besprochen hatten, sich in der Elektroabteilung die neuesten Computer anzuschauen. Sie erklärte mir den Weg und ich machte mich dort auf auf die Suche. Bei den gab es ein großes Gewusel und überall standen Menschen, die sich über die angebotenen Waren informierten. Da sah ich meine Eltern und war froh.

(1) An welchen Stellen möchtest du den Text überarbeiten? Markiere die Wörter oder Sätze.

(2) Schreibe Ideen für die Verbesserung über den Text.

____

____

____

____

____

____

____

(3) Schreibe einen anderen Schluss für die Geschichte.

- Texte kriterienorientiert überarbeiten
- Texte auf Verständlichkeit und Wirkung überprüfen

- SB, Seite 93
- ÜH, Seite 60

Zukunftsform verwenden

Name: ______________________

Ich habe einen spannenden Beruf. Als Kapitän reise ich in viele Länder. Mein Schiff transportiert Waren über alle Ozeane. In jedem Hafen verlassen einige Container mein Schiff. Neue Container kommen hinzu. Aber ich behalte den Überblick. Alle können sich auf mich verlassen. Ich kümmere mich um meine Mannschaft und das Schiff. Manchmal bin ich sehr lange unterwegs. Viele Monate fahre ich dann über die Weltmeere. Ich kenne die ganze Welt und freue mich aber auch jedes Mal auf mein Zuhause. Dann treffe ich meine Familie und meine Freunde. Abends erzähle ich ihnen viele gruselige Seemannsgeschichten.

① Schreibe den Text in der Zukunftsform auf.

② Markiere in jedem Satz die Zukunftsform des Verbs.

- grundlegende sprachliche Strukturen und Begriffe kennen: Futur I
- Zeitformen bilden

- SB, Seite 94, 98
- ÜH, Seite 61, 65

Pronomen verwenden 1

Name: ______________________

Luca sieht **Sophie** in der Pause auf dem Schulhof.	**Esme** spielt mit Sara in auf dem Flur.	**Caro und Leon** sitzen gemeinsam mit Luisa in der Leseecke.	**Murat** ist schon fast so groß wie Lars.
Luca sieht Sophie in der Pause auf dem Schulhof.	Esme spielt mit **Sara** in auf dem Flur.	Caro und Leon sitzen gemeinsam mit **Luisa** in der Leseecke.	Murat ist schon fast so groß wie **Lars**.
Dilara hat **Kati** am Nachmittag zum Spielen eingeladen.	**Felix und Tom** treffen sich morgen zum Fußball.	Juli streichelt **einen kleinen Hund**.	**Selma** geht mit Sami in den Sportverein.
Dilara hat Kati am Nachmittag zum Spielen eingeladen.	Morgen treffen sich **die Kinder** zum Radfahren.	**Juli** streichelt einen kleinen Hund.	Selma geht mit **Sami** in den Sportverein.
Marlene schreibt einen Brief für **Kolja**.	Maria möchte sich mal wieder mit **Matteo** verabreden.	**Yasin** freut sich auf die große Pause.	Samira isst zusammen mit **Alia** ein leckeres Pausenbrot.
Marlene schreibt einen Brief für Kolja.	**Maria** möchte sich mal wieder mit Matteo verabreden.	Yasin freut sich auf **ihre Oma**.	**Samira** isst zusammen mit Alia ein leckeres Pausenbrot.
Cem ist heute sehr müde und hat keine Lust zum Spielen.	**Lisa** ist stolz auf ihren neuen Schulrucksack.	Luisa heftet **ihre Geschichte** in das Portfolio.	Matti sucht **seinen Freund Paul**.
Greta hat gute Laune und lacht.	Lisa ist stolz **auf ihren neuen Schulrucksack**.	Die Geschichte gefällt **Luisa** besonders gut.	**Matti** sucht seinen Freund Paul.

- sprachliche Operationen nutzen: ersetzen
- Fachbegriffe verwenden: Pronomen

- SB, Seite 95
- ÜH, Seite 62

Pronomen verwenden 2

Name: ______________________

Costa hat **seine Brille** vergessen.	Ben teilt mit Maja **seinen Apfel**.	**Ida** winkt ihren Freundinnen zu.	Georgi will **das neue Modellauto** seinen Freunden zeigen.
Costa hat seine Brille vergessen.	**Ben** teilt mit Maja seinen Apfel.	Ida winkt **ihren Freundinnen** zu.	**Georgi** will das neue Modellauto seinen Freunden zeigen.
Das Fahrrad von Line ist richtig schön	**Helena** leiht sich ein Radiergummi von Leo.	Lasse füttert **seinen Hamster** jeden Morgen.	Klara bittet **Yannik** um Hilfe bei einer Aufgabe.
Line fährt mit ihrem Rad den Berg hinunter.	Helena leiht sich ein Radiergummi von **Leo**.	**Lasse** füttert seinen Hamster jeden Morgen.	**Klara** bittet Yannik um Hilfe bei einer Aufgabe.
Das Auto rast um die Kurve.	**Leons Vater** fährt mit dem neuen Auto.	**Viele Kinder** lachen gern über Witze.	Viele Kinder lachen gern über **Witze**.

Spielanleitung

1. Spielt zu zweit und legt die Kärtchen verdeckt auf den Tisch. Jedes Kind dreht abwechselnd ein Kärtchen um.
2. Lies den Satz vor. Formuliere eine Frage nach den fett gedruckten Wörtern, z. B. *Luca sieht **Sophie** in der Pause auf dem Schulhof. Wen sieht Luca in der Pause auf dem Schulhof? – Sophie*
3. Ersetze die fett gedruckten Wörter durch ein passendes Pronomen, z. B. *Luca sieht **Sophie** in der Pause auf dem Schulhof. Luca sieht **sie** in der Pause auf dem Schulhof.*
4. Schreibe die Sätze auf.
5. Wer alles richtig nennen und aufschreiben kann, erhält das Kärtchen. Das Kind mit den meisten Kärtchen gewinnt.

Spielanleitung

1. Kärtchen verdeckt hinlegen und eines ziehen
2. Satz lesen und nach dem fett gedruckten Wort fragen
3. für das fett gedruckte Wort Pronomen einsetzen
4. Sätze aufschreiben
5. Kind mit meisten Kärtchen gewinnt

– sprachliche Operationen nutzen: ersetzen
– Fachbegriffe verwenden: Pronomen

– SB, Seite 95
– ÜH, Seite 62

Wortbausteine verwenden

Name: ______________________________

Ent-	End-	ent-	end-
lang	scheiden	wicklung	deckung
los	fernen	scheidung	schuldigung
ergebnis	zückend	leeren	station
führen	spannung	führung	decker
gültig	lich	spannt	sorgung
sorgt	laufen	decken	spurt
täuschung	wickeln	ziffern	fernt
schuldigen	spiel	täuschen	setzen
gegen	kapitel	schlüsseln	weder
punkt	ergebnis	wicklung	setzlich

End-/end- hat etwas mit Ende zu tun!

1. Schneide die Wortbausteine aus und lege sie zu sinnvollen Wörtern zusammen.
2. Schreibe die Wörter auf und markiere in jedem Wort den vorangestellten Wortbaustein.

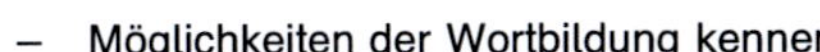

- Möglichkeiten der Wortbildung kennen
- grammatisches Wissen für Rechtschreibung nutzen

– SB, Seite 96, 99
– ÜH, Seite 63, 66

Merkwörter mit ai üben

Name: ______________________

	Brotleib	Brodlaib	Brotlaib	______
	Saite	Seite	Seihte	______
	Weise	Waise	Waisse	______
	Leie	Laie	Leihe	______
	Mai	Meih	Maii	______
	Kaisa	Kaiser	Keihsa	______
	Laaich	Leihch	Laich	______
	Meikefer	Maikefer	Maikäfer	______
	Mais	Maiß	Meiss	______

(1) Wie werden die Wörter richtig geschrieben?
Schlage die Wörter nach und kreise die richtigen Lösungen ein.

(2) Schreibe die Wörter richtig in die rechte Spalte.

Profikarte 8

Name: ____________________

	endgültig	☆☆☆☆	☆
	das Endspiel	☆☆☆☆	☆
	entlang	☆☆☆☆	☆
	entscheiden	☆☆☆☆	☆
	der Hai	☆☆☆☆	☆
	der Kaiser	☆☆☆☆	☆
	der Laie	☆☆☆☆	☆
	der Mai	☆☆☆☆	☆
	denn	☆☆☆☆	☆
	nämlich	☆☆☆☆	☆
	niemand	☆☆☆☆	☆
	organisieren	☆☆☆☆	☆
	trotzdem	☆☆☆☆	☆
	das Turnier	☆☆☆☆	☆
	verliebt	☆☆☆☆	☆
	wahrscheinlich	☆☆☆☆	☆

(1) Markiere in den Übungswörtern die schwierigen Stellen.

(2) Übe die Wörter. Für jedes richtige Wort malst du einen Stern an.

(3) Wenn du ein Wort viermal richtig geschrieben hast,
malst du den großen Stern an.

- geübte, rechtschreibwichtige Wörter normgerecht schreiben
- Übungsformen selbstständig nutzen

- SB, Seite 97
- ÜH, Seite 64

Name: ______________________________

ga-or-siert-ni liebt-ver gül-end-tig beln-ju hei-ßen Fuß-tur-ball-nier lich-näm tig-wich te-lieb-Ver ge-spielt den-ent-schie schaft-Mann ge-sam-mein sam-zu-men dem-trotz spiel-End Mäd-chen lich-wahr-schein re-ih deckt-ent er-sen-wach per-su

Fußball für ____________________

Jedes Jahr Ende Mai findet ein ____________________ der Schulen statt. Herr Kaiser ____________________ das Turnier. Er hat selbst lange als Laie Fußball ____________________. Herr Kaiser hat nun ____________________ ____________________, dass es in jeder ____________________ gleich viele ____________________ und Jungen geben soll. Leni ist schon ganz aufgeregt, denn so wird sie ____________________ mit Kai ____________________ in einer Mannschaft spielen. In ihn ist sie schon seit der ersten Klasse ____________________.

Bis jetzt hat das zum Glück noch niemand ____________________. Lenis Freundin Selma ist ____________________ auch in ihn verliebt. Die Freundschaft zu Selma ist Leni sehr ____________________. Wenn Leni ____________________ ist, will sie Kai ____________________ heiraten. Sie hat vorgeschlagen, dass ____________________ Mannschaft „Die wilden Haie“ ____________________ soll. Kai fand diesen Vorschlag ____________________. Nun müssen „Die wilden Haie“ es nur noch bis ins ____________________ schaffen. Dann können Kai und Leni ____________________ ____________________.

1. Welche Wörter müssen in die Lücken eingesetzt werden?
2. Schreibe die Rätselwörter richtig in die Lücken.

– methodisch sinnvoll abschreiben
– über Fehlersensibilität verfügen
– Übungsformen selbstständig nutzen

– SB, Seite 97

Mit der Quiesel-Karte Fehler finden: Besonderheiten

Name: ____________________

Herr Knatter

Herr Knatter ist ein sehr netter Mann. An wamen tagen spielt er sogar manchmal mit uns im Hof. Oder wir bekomen von im ein Glas Limonade. Aber hin und wieder bin ich auch richtig sauer auf Herrn Knatter. Er kommt jeden Abent sehr spät von der Arbeit. Und wenn er sein auto im Hof abgestellt hat, schlegt er mit voler Wucht die Tür zu. Herr Knatter meint, das müsse so sein, weil so der Staup von seinem Auto abfellt. Mogen wasche ich sein Auto. Fielleicht wird es dann besser.

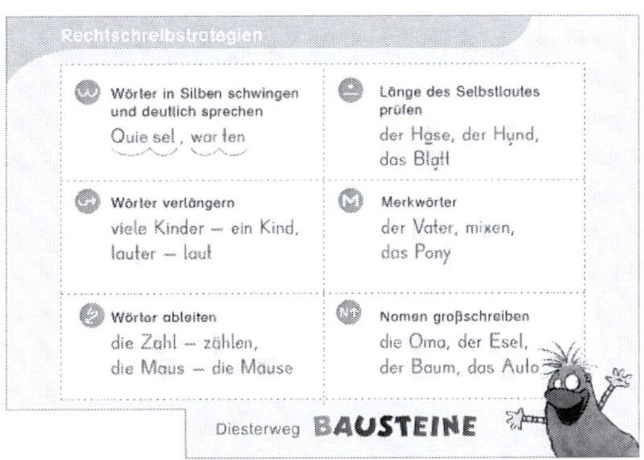

(1) Lies den Text langsam und aufmerksam.
Prüfe jedes Wort mit den Rechtschreibstrategien.

____

____

____

____

____

____

____

____

(2) Schreibe die 12 Fehlerwörter richtig auf.
Zeichne die passenden Strategiezeichen zu den Wörtern.

- Arbeitstechniken nutzen: Texte überprüfen und korrigieren
- Rechtschreibhilfen verwenden

- SB, Seite 100
- ÜH, Seite 67

Standpunkte austauschen: Kugellager

Name: ______________________

Protokoll zu unseren Absprachen

Thema Darüber wollen wir reden. ______ ______ ______ ______	**Zeit** Wir legen fest, wieviel Zeit die Gesprächspartner haben sollen. ______ ______ ______ ______
Richtung Wer bewegt sich, Innen oder Außerkreis? In welcher Richtung? ______ ______ ______ ______	**Signal** Welches Signal geben wir, wenn wir den Gesprächspartner wechseln sollen? ______ ______ ______ ______
Wächter Wer soll über die Einhaltung der Absprachen wachen und Signale geben? ______ ______ ______ ______	**Besondere Vereinbarungen** ______ ______ ______ ______

1. Wählt ein Thema aus und notiert eure Absprachen.
2. Besprecht das Thema mit der Kugellager-Methode.

Themensammlung für das Abschlussbuch

Name: ______________________________

Erlebnis	Wer?	Was?

- Planungsmethoden kennen und anwenden
- gemeinsame Vorhaben planen

- SB, Seite 104

Name: ______________________________

Die seltsame Nacht

In den letzten vier Wochen stellten die Kinder der Klasse 4b jeden Tag ein Buch in ihrer Klasse vor. Jeden Morgen war ein Kind anderes an der Reihe und darf sein Lieblingsbuch vorstellen. Vorher mussten alle ihr Lieblingsbuch noch einmal ganz gut durchlesen. Jedes Kind brachte dann sein Buch und passende Gegenstände mit in die Schule. Dann erzählten es den Inhalt der Geschichte. Allerdings hörten die meisten an der spannendsten Stelle Kinder auf. So machten sie ihre Mitschülerinnen und Mitschüler neugierig auf das Bücher. Das war eine tolle Idee. Mia und Amelie waren am Wochenende im Schwimmbad. Danach wollen auch andere Kinder diese Bücher lesen. Nach der Vorstellungsrunde konnte man sich ein Buch ausleihen, das man besonders spannend, lustig oder interessant fand. Das Eis hat sehr lecker geschmeckt. Auch die Lehrerin Frau Boll stellt ihr Lieblingskinderbuch in der Klasse vor.

Kann man alle Sätze verstehen?
Hat jede Zeile etwas mit dem Thema zu tun?
Wurde die Erzählzeit eingehalten?

(1) Unterstreiche jeden Tipp in einer anderen Farbe.

(2) Markiere mit der entsprechenden Farbe im Text, was du überarbeiten möchtest.

(3) Schreibe deine Verbesserungen in den Text.

- Texte kriterienorientiert überarbeiten
- Schreibkriterien kennen und anwenden

- SB, Seite 105
- ÜH, Seite 68

Satzglieder kennen: Ergänzung der Art und Weise

Name: ______________________

aufmerksam	mit der Straßenbahn	toll
mit Hilfe einer Mitarbeiterin	freundlich	schnell
mit dem E-Reader 32,50 €	mit Mamas E-Reader	

Die Kinder fahren ______________________ in die Stadtbücherei.

____

Die Lehrerin Frau Wolle kauft ____________ noch die Tickets am Kiosk.

____

Die Tickets kosten ____________.

____

In der Bücherei werden sie ____________ von der Leiterin Frau Neiß begrüßt.

____

Frau Neiß stellt ihnen ______________________ die neuen E-Reader vor.

____

______________________________ hören ihr die Kinder zu.

____

Frida liest zum ersten Mal ein Buch ______________________.

____

Sie findet es ______________________________________.

____

Das nächste Buch wird sie zu Hause ______________________ lesen.

____

1. Wie, wie viel oder womit?
   Schreibe die Frage nach der Ergänzung der Art und Weise unter die Sätze.
2. Setze die Ergänzungen aus dem Kasten ein.

– sprachliche Operationen nutzen: umstellen, fragen
– Fachbegriffe kennen und verwenden

– SB, Seite 106, 110
– ÜH, Seite 69, 73

Nomen kennen: Geschlecht

Name: ______________________________

Füller	Schrank	Computer	Brot	Wetter
Klugheit	Freundschaft	Eigentum	Buch	Gebäude
Gedanke	Bleistift	Regel	Krankheit	Melone
Apfel	Fußball	Kette	Zeit	Zeitung
Zeugnis	Radiergummi	Wolke	Ziege	Boot
Glück	Fernseher	Gewinn	Kreide	Smartphone

(1) Markiere die Nomen: männlich (blau), weiblich (rot) und sächlich (grün).

(2) Schreibe die Nomen mit Artikel auf.

- Fachbegriffe kennen und verwenden: Genus des Nomens
- Wörter sammeln und ordnen

- SB, Seite 107
- ÜH, Seite 70

Nomen kennen: Spiel

Name: ______________________

Buchstabe	männliches Nomen	weibliches Nomen	sächliches Nomen	Punkte

Spielt das Spiel: Einigt euch darauf, wer anfängt. Danach geht es im Uhrzeigersinn weiter. Der Spieler, der anfängt, sagt sich das Abc leise auf. Ein anderer Mitspieler sagt irgendwann: „Stopp". Den Buchstaben, bei dem gestoppt wurde, tragt ihr in die erste Spalte ein. Nun müssen alle ein passendes Nomen mit diesem Anfangsbuchstaben aufschreiben. Wer fertig ist ruft: „Stopp". Für jedes richtige Nomen gibt es 2 Punkte.

- Fachbegriffe kennen und verwenden: Genus des Nomens
- Wörter sammeln und ordnen

- SB, Seite 107
- ÜH, Seite 70

Rechtschreibstrategien verwenden
Merkwörter mit Dehnungs-h

Name: ______________________________

Q	Y	R	X	R	A	H	M	E	N
C	H	U	Q	G	Y	V	H	L	Y
B	O	H	N	E	V	Y	X	C	W
E	X	M	Y	Q	H	C	V	G	A
F	V	Y	H	C	Q	F	Z	X	H
E	H	C	V	E	R	K	E	H	R
H	Y	X	G	Q	G	C	H	V	H
L	A	H	M	L	Y	V	N	C	E
H	F	C	Q	L	V	J	X	Y	I
F	E	H	L	E	R	Y	C	F	T
V	X	C	Q	H	Y	H	M	J	Q
J	L	Ä	X	M	C	V	Ü	Y	N
B	A	H	N	Y	V	O	H	N	E
Y	V	N	X	G	E	F	L	C	H
H	C	L	Q	V	H	Y	E	X	M
L	Y	I	U	C	R	G	X	J	E
V	Q	C	H	X	E	C	K	Y	N
B	O	H	R	E	N	X	Ü	C	Y
L	V	J	C	Q	Y	G	H	X	H
X	C	Y	H	M	E	H	L	Q	V

(1) Male alle 20 Wörter mit Dehnungs-h farbig an.

hl	hm	hn	hr

(2) Schreibe die Wörter geordnet in die Tabelle.

– Rechtschreibstrategien verwenden: Merkwörter mit Dehnungs-h üben
– über Fehlersensibilität verfügen

– SB, Seite 108, 111
– ÜH, Seite 71, 74

Profikarte 9

Name: ______________________

	der Abfall	☆☆☆☆	☆
	das Gefühl	☆☆☆☆	☆
	hübsch	☆☆☆☆	☆
	irgendwann	☆☆☆☆	☆
	der Krebs	☆☆☆☆	☆
	die Lehrerin	☆☆☆☆	☆
	mehr	☆☆☆☆	☆
	das Ohr	☆☆☆☆	☆
	der Artikel	☆☆☆☆	☆
	das Cover	☆☆☆☆	☆
	interviewen	☆☆☆☆	☆
	das Layout	☆☆☆☆	☆
	das Projekt	☆☆☆☆	☆
	recherchieren	☆☆☆☆	☆
	die Redaktion	☆☆☆☆	☆
	das Thema	☆☆☆☆	☆

(1) Markiere in den Übungswörtern die schwierigen Stellen.

(2) Übe die Wörter. Für jedes richtige Wort malst du einen Stern an.

(3) Wenn du ein Wort viermal richtig geschrieben hast, malst du den großen Stern an.

- geübte, rechtschreibwichtige Wörter normgerecht schreiben
- Übungsformen selbstständig nutzen

- SB, Seite 109
- ÜH, Seite 72

Abschreibtext üben

Name: ______________________

Heute ist Projekttag an der Sonnenschein-Schule. Im Sachunterricht haben sich die Kinder der vierten Klassen mit dem Thema Müll beschäftigt. Zusammen mit ihrer Lehrerin sammeln die Kinder nach der großen Pause den Müll auf dem gesamten Schulgelände auf. Als besonderer Gast ist auch ein Redakteur der Tageszeitung da. Er interviewt einige Kinder und macht Fotos. Die Schulleiterin Frau Krebs hat sich dafür besonders hübsch gemacht und extra ihre Ohrringe angezogen. Stolz posieren alle für ein Foto. Die Mädchen und Jungen sammeln den Abfall mit Müllzangen auf. Die Arbeit ist nicht immer angenehm. Aber es ist ein schönes Gefühl, etwas Gutes zu tun. Der Artikel über ihr Müll-Projekt wird morgen in der Zeitung und im Internet stehen.

1. Lies den Text Wort für Wort und markiere die schwierigen Stellen.
2. Schneide den oberen Teil ab und lege den Text an einen entfernten Ort.

3. Übe den Text als Schleichdiktat.

- methodisch sinnvoll abschreiben
- über Fehlersensibilität verfügen
- Übungsformen selbstständig nutzen

– SB, Seite 109

Eine Redaktionskonferenz durchführen

Name: ______________________

Chefredakteur

Abgabetermin

Nächste Sitzung

Themen und Inhalte

Besondere Ideen

Umfang und Platz

Inhaltsverzeichnis

Thema der Redaktionskonferenz

Geschichten

Berichte

Lustiges

Interviews

Foto

Bilder

Zeichnungen

Zitelblatt

(1) Notiert eure Absprachen aus der Redaktionskonferenz.

- gemeinsame Vorhaben planen und durchführen
- Absprachen protokollieren

– SB, Seite 112

Texte lesen und verstehen: Fünf-Punkte Plan

Name: ______________________________

Büchereien

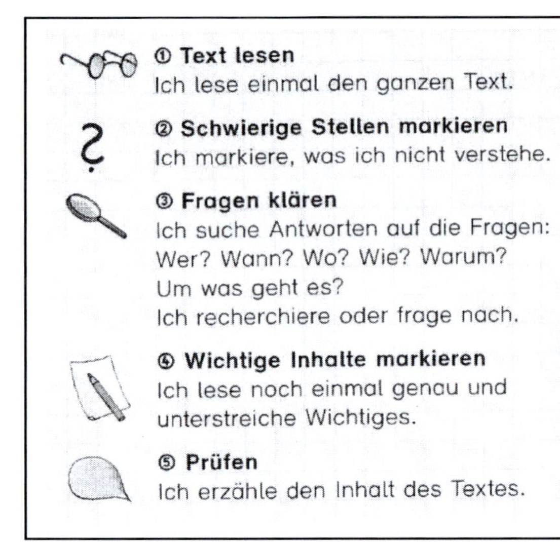

Ein Buch kann so vieles sein: spannend, gruselig, traurig, magisch oder einfach nur komisch. Es kann ganz viele Bilder haben oder auch gar keins. Es kann viele hundert Seiten haben oder auch nur ein paar. Eins ist ein Buch aber immer: lehrreich! Denn es regt nicht nur deine Phantasie an, sondern du übst auch zu lesen. Und lesen ist etwas, was du dein ganzes Leben gebrauchen kannst. Leider sind Bücher manchmal ganz schön teuer und man weiß auch nicht, welches Buch wirklich gut zu lesen ist.
Unser Tipp ist deshalb: geh doch mal in eine Bücherei! Es gibt es ganz viele Büchereien und Bibliotheken – und mit Sicherheit auch eine in deiner Nähe. Fast alle Büchereien haben auch eine eigene Kinder- und Jugendbuchecke. Und wenn du nicht weißt, welches Buch du dir ausleihen sollst, kann dir eine Mitarbeiterin oder ein Mitarbeiter der Bücherei bestimmt einen Tipp geben. Aber Büchereien bieten noch viel mehr, als nur Bücher oder CDs zu verleihen. Für Kinder gibt es zum Beispiel Bilderbuchkinos oder Lesenächte, wo dir und anderen Kindern Romane oder Lyrik vorgelesen werden. Manchmal kommt auch ein Autor eines Kinderbuchs in eine Bücherei und liest aus seinem Buch vor. Hast du schon mal jemanden kennen gelernt, der ein Buch geschrieben hat? Viele Büchereien veranstalten auch Vorlesewettbewerbe, bei denen du zeigen kannst, wie gut du lesen kannst. Wenn du gut bist und etwas Glück hast, kannst du manchmal auch etwas gewinnen. Inzwischen gibt es in fast jeder Bücherei auch einen Computer, mit dem du z.B. auch ins Internet kannst. Oft gibt es dazu auch Seminare, damit du lernst, wie du im Internet findest, was du suchst. Vielleicht schaust du ja sogar gerade diese Internetseite in einer Bücherei an? Bist du neugierig geworden? Dann frag doch mal deine Eltern, ob sie nicht mal mit dir in die nächste Bücherei gehen können. Oder du schlägst gleich deiner Lehrerin oder deinem Lehrer vor, mit deiner Klasse eine Exkursion in eine Bücherei zu machen.

(1) Lies den Text nach dem Fünf-Punkte-Plan.

- bei Verständnisschwierigkeiten Verstehenshilfen/-verfahren anwenden
- zentrale Aussagen von Texten erfassen

- SB, Seite 113
- ÜH, Seite 75

Jahreskalender mit Festen

Name: ______________________

Datum	Name des Festes	Erklärung	Land
April 30.	Königinnentag	Geburtstag der Königin Nationalfeiertag	Niederlande
Juli 11.	Naadam	Nationalfest	Mongolei
Dezember 6.	Nikolaus	Christliches Fest	Deutschland

(1) Finde Feste, die an unterschiedlichen Plätzen der Welt gefeiert werden, und fülle den Jahreskalender aus.

– mit anderen über ein Thema sprechen
– Lernergebnisse präsentieren

– SB, Seite 114/115

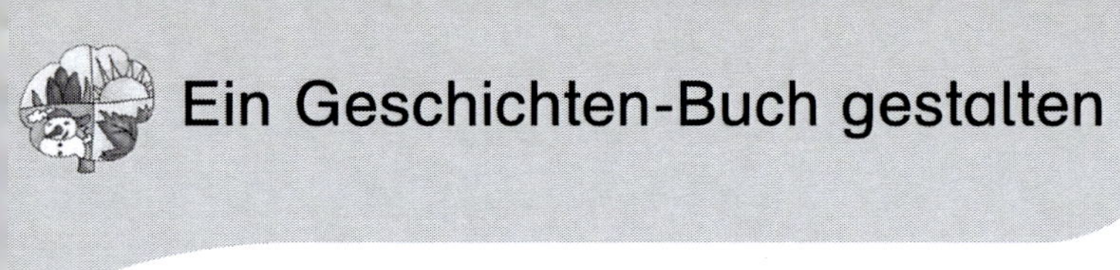

Ein Geschichten-Buch gestalten

Name: ______________________

(1) Gestalte ein Geschichtenbuch mit deinen Geschichten und mit den Geschichten deiner Schulfreunde.

Schmuckblatt Herbst

Name: ______________________________

- eigene Schreibideen umsetzen
- Texte gestalten
- Lernergebnisse festhalten und veröffentlichen

– SB, Seite 119

Wortbausteine verwenden

Name: ______________________

-ung

(1) Male die Äpfel mit den Wortbausteinen in sechs verschiedenen Farben an.

REICH		ERZÄHLEN		GEHEIM		DEUTLICH		KRANK	
BELEUCHTEN		GESUND		ERLAUBEN		ERKENNEN		ERRINGEN	
FREUND		BÜRGEN		ERGEBEN		ÄNDERN		WISSEN	
IRREN		TROCKEN		SCHÖN		IMPFEN		GLEICH	
EWIG		BEFREIEN		TROCKEN		FRÖHLICH		BRAUCHEN	
ZEUGEN		FLÜSSIG		FREI		DUMM		SCHWIERIG	

(2) Bilde aus jedem Wort mit dem passenden Wortbaustein ein Nomen.
Färbe das Kästchen dahinter jeweils in der passenden Farbe ein.

-ung ______________________

____

-heit ______________________

____

-keit ______________________

____

-nis ______________________

____

-schaft ______________________

____

-tum ______________________

____

(3) Schreibe die Nomen auf. Ordne sie nach dem Wortbaustein.

- Möglichkeiten der Wortbildung kennen
- grammatisches Wissen für Rechtschreibung nutzen

- SB, Seite 120
- ÜH, Seite 77

Wortbaustein-Rätsel

Name: ____________________

3 1 2 3 4 8 7 5 6 2 6 5 7 1 8 9 4 10 9 10 11 12

waagerecht:					
1 gleich	7 hoffen	2 klug	8 artig	3 wachsen	9 erben
4 wenden	11 weise	5 erzählen	12 traurig	6 krank	10 ewig
senkrecht:					
1 erholen	7 verspielt	5 alt	3 gestehen	9 reich	
4 frei	2 toll	8 irren	6 neu	10 wagen	

(1) Bilde aus den Verben und Adjektiven mit den Wortbausteinen
-ung, -heit, -keit, -nis, -schaft, -tum Nomen. Trage sie in das Rätselfeld ein.

- Möglichkeiten der Wortbildung kennen
- grammatisches Wissen für Rechtschreibung nutzen

- SB, Seite 120
- ÜH, Seite 77

Profikarte 10

Name: ______________________________

	die Bestellung	☆☆☆☆	☆
	der Cent	☆☆☆☆	☆
	die City	☆☆☆☆	☆
	clever	☆☆☆☆	☆
	cool	☆☆☆☆	☆
	die Creme	☆☆☆☆	☆
	das Geheimnis	☆☆☆☆	☆
	der Irrtum	☆☆☆☆	☆
	beschließen	☆☆☆☆	☆
	draußen	☆☆☆☆	☆
	der Herbst	☆☆☆☆	☆
	der Nachmittag	☆☆☆☆	☆
	das Stück	☆☆☆☆	☆
	sich verspäten	☆☆☆☆	☆
	vorführen	☆☆☆☆	☆
	zählen	☆☆☆☆	☆

(1) Markiere in den Übungswörtern die schwierigen Stellen.

(2) Übe die Wörter. Für jedes richtige Wort malst du einen Stern an.

(3) Wenn du ein Wort viermal richtig geschrieben hast, malst du den großen Stern an.

- geübte, rechtschreibwichtige Wörter normgerecht schreiben
- Übungsformen selbstständig nutzen

– SB, Seite 121
– ÜH, Seite 78

Abschreibtext üben

Name: ______________________

Herbstnachmittag

Draußen ist es sehr ____________(4). Pia hat eine ______________ (4) mit ihrer __________(2) Corinna. Sie _________ (2) sich in der_______(2). Sie _________ (2) ins _______ (2) gehen. Der Film heißt: ______________ (5). Als die _______ (2) jedoch im Kino ankommen, hat die ____________ (4) schon _______ (2) angefangen. Schnell stellen die ________ (2) ihren ________ (2) fest. Sie haben sich um eine _________ (2) verspätet. Doch die ____________ (3) sind ________ (2). Sie _________ (2) ihre 50-Cent-Stücke und _____________ (3) den Besuch im _____________ (3). Dort geben sie die __________ (3) auf. Pia möchte eine ________ (2) und Corinna ein _______ (2) Eis.

4-5 Silben

un	Ver	Pau	Film	ge	ab	las	vor	müt
re	Ge	füh	lich	dung	heim	rung	nis	

3 Silben

Freun	Be	Eis	be	din	stel	la	schlie
nen	lung	den	ßen				

2 Silben

Freun	tref	Ci	wol	Ki	bei	lan	Mäd	Irr	
Stun	cle	zäh	Co	klei	din	fen	ty	len	no
den	ge	chen	tum	de	ver	len	la	nes	

(1) Welche Wörter fehlen im Text? Die Anzahl der Silben kann dir helfen.

(2) Trage die Wörter ein.

- methodisch sinnvoll abschreiben
- über Fehlersensibilität verfügen
- Übungsformen selbstständig nutzen

– SB, Seite 121

Schmuckblatt Winter

Name: ____________________

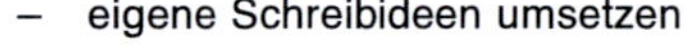

- eigene Schreibideen umsetzen
- Texte gestalten
- Lernergebnisse festhalten und veröffentlichen

– SB, Seite 123

Nomen kennen:
Nomenprobe mit dem Adjektiv

Name: ______________________

Der mann aus schnee

In der nacht fiel schnee. Nun liegt ein teppich über dem land. Auf den straßen ist glatteis. Der frost lässt noch nicht nach. Trotz der kälte treffen sich die kinder am nachmittag auf dem schulhof. Sie wollen einen mann aus schneekugeln bauen. Dazu rollen sie kugeln, die immer größer werden. Aber das aufeinandersetzen zu einem schneemann gelingt den kindern nicht. Nur die kraft von zwei vätern hilft beim bau der figur. Das gestalten des gesichts gelingt nur, indem die kinder auf den schlitten steigen. Am nächsten morgen soll der schneemann alle kinder begrüßen.

① Vor welche Wörter kannst du im Satz ein Adjektiv setzen? Markiere die Nomen.

② Schreibe den Text richtig auf.

- sprachliche Operationen nutzen: einsetzen
- grammatisches Wissen für Rechtschreibung nutzen

- SB, Seite 124
- ÜH, Seite 80

Wörter in Silben trennen

Name: ___________________________

Winterjackenschrank Hustenbonbonpapier Detektivgeschichtenregal

Winterreifenlager Schlittschuhkufen Hefeschneckenteilchen

Adventskranzkerzen Schokoladennikoläuse Eishockeyschläger

Schokoladenkekskuchen Warmhaltedecke Kopfsteinpflastermuster

Kindergeschichtenschreiber Flaschendeckelöffner Transparentpapiersterne

Schneckenrennenspiel Kochtopfuntersetzer Meckerkastenecke

Zuckerdosenzange Luftmatratzenpumpe

① Zeichne bei den Wörtern die Silbenbögen ein.

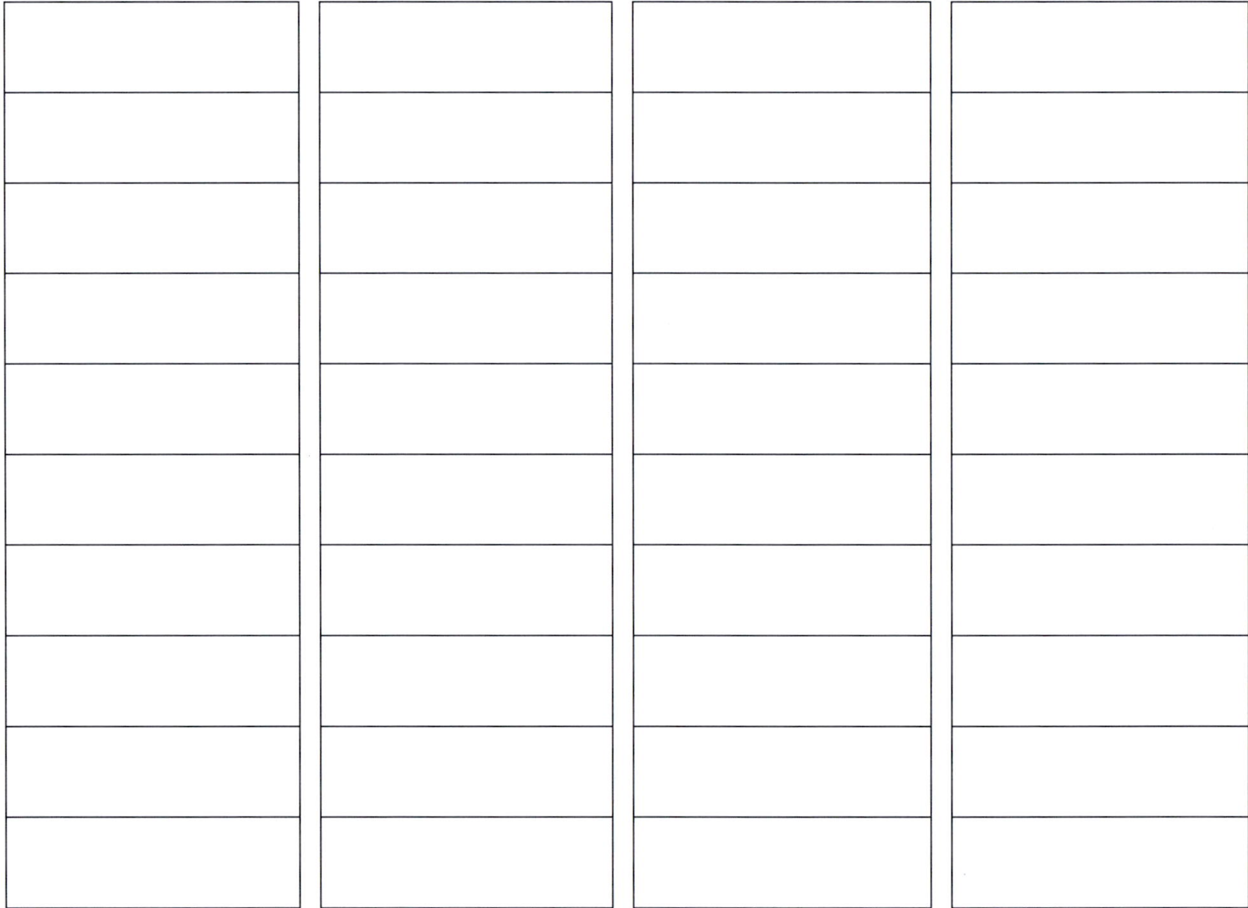

② Schreibe die Wörter getrennt in die Zeilen.

- Silbentrennung anwenden
- Wörter schwingen

- SB, Seite 125
- ÜH, Seite 81

Name: ____________________

	das Essen	☆☆☆☆	☆
	das Gute	☆☆☆☆	☆
	die Kraft	☆☆☆☆	☆
	der Morgen	☆☆☆☆	☆
	die Nacht	☆☆☆☆	☆
	der Schlittschuh	☆☆☆☆	☆
	der Spaziergang	☆☆☆☆	☆
	die Stärke	☆☆☆☆	☆
	aber	☆☆☆☆	☆
	das Eishockey	☆☆☆☆	☆
	die Mannschaft	☆☆☆☆	☆
	markiert	☆☆☆☆	☆
	nächste	☆☆☆☆	☆
	der Puck	☆☆☆☆	☆
	sehr	☆☆☆☆	☆
	wählen	☆☆☆☆	☆

1. Markiere in den Übungswörtern die schwierigen Stellen.
2. Übe die Wörter. Für jedes richtige Wort malst du einen Stern an.
3. Wenn du ein Wort viermal richtig geschrieben hast, malst du den großen Stern an.

- geübte, rechtschreibwichtige Wörter normgerecht schreiben
- Übungsformen selbstständig nutzen

- SB, Seite 125
- ÜH, Seite 81

Abschreibtext üben

Name: ____________________

Das eishockeyspiel

Schon am morgen in der schule, freute sich paul auf das essen. Das gute an dem essen in der schule war, dass man einige dinge wählen konnte. paul legte nudeln auf den teller. Er hatte gelesen, dass sie kraft gaben. Schließlich hatte er heute nachmittag ein eishockeyspiel mit seiner mannschaft. Als er mit seinen schlittschuhen zur eisfläche kam, war das spielfeld bereits markiert. Es war sehr kühl heute, aber das machte paul nichts. Der puck raste über das eis, landete aber nicht im tor. Die stärke der anderen mannschaft war nicht zu übersehen. Der nächste torschuss gelang paul und er brachte seine mannschaft in führung. Hatten die nudeln ihm diese kraft gegeben, überlegte paul.

(1) Markiere die Nomen.

(2) Schreibe den Text richtig auf

- methodisch sinnvoll abschreiben
- über Fehlersensibilität verfügen
- Übungsformen selbstständig nutzen

- SB, Seite 125

Schmuckblatt Frühling

Name: ______________________________

- eigene Schreibideen umsetzen
- Texte gestalten
- Lernergebnisse festhalten und veröffentlichen

- SB, Seite 126/127

Sätze verbinden und Komma setzen

Name: ______________________

	Sie kann nicht draußen spielen.
	Darum nimmt sich Lina ein Buch.
	Es regnet in Strömen.
	Es klingelt an der Haustür.
	Die beiden Mädchen lesen.
	Kim steht vor der Tür.
1	Lina ist allein zu Hause.
	Sie will mit Lina drinnen spielen.
	Ihr ist langweilig.
	Linas Mutter kommt ins Zimmer.

deswegen	deshalb	weil	da	als	obwohl

① Ordne die Satzstreifen zu einer Geschichte. Schneide sie aus und nummeriere sie.

② Verbinde immer zwei aufeinanderfolgende Sätze mit einem Bindewort.

③ Schreibe die Geschichte auf und ergänze einen Satz.

- Fachbegriffe kennen und verwenden
- Möglichkeiten der Satzbildung kennen

- SB, Seite 128
- ÜH, Seite 82

Rechtschreibstrategien verwenden: Vokallänge prüfen

Name: ______________________

die Lo___e die Qua___e der Wi___ die Lo___e verge___en si___en
die Wie___e pflü___en der We___er der Ha___en nü___lich schme___en
der Ho___er pu___en die Spu___ anfa___en gewi___en die Ka___e
le___er rei___en die Spri___e su___en die Bre___el der Schlü___el
der Ba___er spi___ ra___en schi___en verle___en die Stre___e
die Grä___er die Fa___e ba___en das Kreu___ schü___en der Ko___er

langer Vokal	kurzer Vokal und tz	kurzer Vokal und ck	kurzer Vokal und doppelter Konsonant

1. Welche Wörter sind hier gesucht?
2. Prüfe die Vokallänge vor der Lücke.
3. Ergänze die Buchstaben und trage die Wörter in die Tabelle ein.

- Rechtschreibstrategien verwenden: Vokallänge prüfen
- über Fehlersensibilität verfügen

- SB, Seite 129
- ÜH, Seite 83

Name: ______________________

	hell	☆☆☆☆	☆
	kommen	☆☆☆☆	☆
	packen	☆☆☆☆	☆
	der Platz	☆☆☆☆	☆
	rasseln	☆☆☆☆	☆
	der Rucksack	☆☆☆☆	☆
	sitzen	☆☆☆☆	☆
	der Wecker	☆☆☆☆	☆
	der Fluss	☆☆☆☆	☆
	der Frühling	☆☆☆☆	☆
	heute	☆☆☆☆	☆
	hoffentlich	☆☆☆☆	☆
	nah	☆☆☆☆	☆
	das Scharbockskraut	☆☆☆☆	☆
	das Schneeglöckchen	☆☆☆☆	☆
	der Wall	☆☆☆☆	☆

(1) Markiere in den Übungswörtern die schwierigen Stellen.

(2) Übe die Wörter. Für jedes richtige Wort malst du einen Stern an.

(3) Wenn du ein Wort viermal richtig geschrieben hast, malst du den großen Stern an.

– geübte, rechtschreibwichtige Wörter normgerecht schreiben
– Übungsformen selbstständig nutzen

– SB, Seite 129
– ÜH, Seite 84

Abschreibtext üben

Name: ______________________

Frühblüher

Der Wecker rasselt. Draußen wird es hell. Schnell packt Lina ihren Rucksack. Mit ein paar Freunden will sie heute nach dem Frühling suchen. Hoffentlich kommen alle pünktlich, denkt Lina. Aber da hört sie schon die Stimmen ihrer Freunde. Die Kinder machen sich auf zum nahen Fluss. Lina kennt sich mit Frühlingsblumen aus und führt die Freunde zum kleinen Wall am Flussufer. Hier wächst das gelb blühende Scharbockskraut. Die Pflanze wurde früher als Heilmittel eingesetzt, zum Beispiel gegen Skorbut. Ganz in der Nähe finden sie Büschel von weißen Schneeglöckchen. Die Kinder machen Fotos für ihr Frühlingsbuch. Unter der großen Trauerweide finden sie einen Platz, an dem sie sitzen und frühstücken können.

1 Übe den Text als Papagei-Diktat.

- methodisch sinnvoll abschreiben
- über Fehlersensibilität verfügen
- Übungsformen selbstständig nutzen

- SB, Seite 129

Einen Text gestalten und präsentieren

Name: ______________________________

- Texte präsentieren
- Texte gestalten

– SB, Seite 130

Zeitformen kennen 1

Name: ______________________

Gegenwart	einfache Vergangenheit	zusammen-gesetzte Vergangenheit	Zukunftsform
ich arbeite	er hat gebaut	sie wird gießen	es trinkt
sie lachten	du bist geflogen	es wird laufen	ich arbeitete
sie werden fahren	wir probieren	ihr werdet schreiben	sie goss
er las	du schwammst	ich werde arbeiten	sie fuhren
ihr schriebt	es läuft	er wird lesen	es lief
sie haben gelacht	ich habe gearbeitet	er wird bauen	du fliegst
sie hat gegossen	es ist gelaufen	es wird trinken	wir haben probiert

- Zeitformen kennen und bestimmen
- Fachbegriffe kennen und verwenden

– SB, Seite 131
– ÜH, Seite 85

Zeitformen kennen 2

Name: ______________________

ich zähle	er hat gerufen	sie wird springen	es regnet
sie spielten	du bist gegangen	es wird schlafen	ich zählte
sie werden lesen	wir rechnen	ihr werdet singen	sie sprang
er aß	du trugst	ich werde zählen	sie lasen
ihr sangt	es schläft	er wird essen	es schlief
sie haben gespielt	ich habe gezählt	er wird rufen	du gehst
sie ist gesprungen	es hat geschlafen	es wird regnen	wir haben gerechnet

1. Welche Verben gehören zusammen? Male sie in derselben Farbe an.
2. Schneide die Karten aus. Erstelle mit den Überschriften (graue Karten) eine Tabelle und klebe die Karten auf.
3. Ergänze die fehlenden Zeitformen.

– Zeitformen kennen und bestimmen
– Fachbegriffe kennen und verwenden

– SB, Seite 131
– ÜH, Seite 85

Satzglieder bestimmen

Name: ____________________

Subjekt Prädikat Wen-oder-was-Ergänzung Ortsergänzung

Paul schwimmt mit seiner Luftmatratze im See.

(1) Trenne die Satzglieder mit Strichen ab und unterstreiche die Satzglieder.

Subjekt Prädikat Wen-oder-was-Ergänzung Ortsergänzung

____

Subjekt Prädikat Wem-Ergänzung

____

Zeitergänzung Prädikat Subjekt Wen-oder-was-Ergänzung

____

Ergänzung der Art und Weise Prädikat Subjekt Ortsergänzung

____

Subjekt Prädikat Wen-oder-was-Ergänzung Wem-Ergänzung

____

Zeitergänzung Ortsergänzung Prädikat Subjekt

____

Zeitergänzung Prädikat Subjekt Wen-oder-was-Ergänzung Ortsergänzung

____

(2) Schreibe Sätze zu den vorgegebenen Satzmustern.

(3) Trenne die Satzglieder mit Strichen ab und unterstreiche die Satzglieder.

- Satzglieder kennen und bestimmen
- Fachbegriffe kennen und verwenden

- SB, Seite 132
- ÜH, Seite 86

Satzglieder erkennen und bestimmen

Name: ______________________________

Am letzten Schultag fuhren Amelie und Lars mit ihren Familien an die Ostsee. Dort verbrachten sie gemeinsam die Ferien. Beide Familien wohnten zusammen in einem Ferienhaus. Amelie, Lars und ihre Geschwister schliefen in einem großen Zimmer. Abends im Bett erzählten sie Geschichten und Witze. Jeden Morgen holten die Kinder Brötchen mit dem Fahrrad. Die Eltern deckten den Frühstückstisch. Am Montag verbrachten sie den ganzen Tag am Strand. Amelie lag mit der Luftmatratze im Wasser. Lars und sein Bruder Luca bauten eine riesengroße Sandburg. Lars Papa kaufte später für alle ein Eis. Das Eis war sehr lecker. Danach besuchten Amelie und Lars einen Stand-Up-Paddling Kurs. Beide Kinder standen sofort auf dem Bord und paddelten los. Amelies Mama machte vom Strand aus Fotos von den beiden. Gestern Abend gingen sie zu Fuß zu einem Strandfest. Am Strand waren viele bunte Lichter aufgestellt. Das gefiel Amelie besonders gut. An einer Fischbude kauften die Eltern Fischbrötchen. Auf dem Strand stand eine kleine Bühne. Dort machte eine Band Musik. Lars gefiel das Schlagzeug. Amelie tanzte mit ihrem Vater. An diesem Abend gingen sie spät ins Bett.

(1) Bestimme alle Satzglieder und unterstreiche sie.

- Satzglieder kennen und bestimmen
- Fachbegriffe kennen und verwenden
- sprachliche Operationen nutzen: umstellen, fragen

- SB, Seite 132
- ÜH, Seite 86

Nomen in den vier Fällen bestimmen

Name: ______________________

Die Kinder spielen auf dem Schulhof.

Wer oder was spielt? die Kinder

Wer-oder-was-Fall

Fall	Frage
Wer-oder-was-Fall	Wer oder was?
Wessen-Fall	Wessen?
Wem-Fall	Wem?
Wen-oder-was-Fall	Wen oder was?

In den Sommerferien hilft Tim **dem Vater**. ______________________

Sie reparieren gemeinsam **den Rasenmäher**. ______________________

Die Mutter kocht das Mittagessen. ______________________

Der Nudeltopf steht auf dem Gartentisch. ______________________

Der Teller **des Sohnes** ist als erstes leer. ______________________

Zum Nachtisch gibt es das Lieblingseis **der Familie**. ______________________

Das Eis schmeckt **der Mutter** besonders gut. ______________________

Tim hilft **der Mutter** beim Abräumen. ______________________

(1) Frage nach dem Fall der markierten Nomen und schreibe wie im Beispiel.

- Nomen in den vier Fällen kennen und bestimmen
- Fachbegriffe kennen und verwenden

- SB, Seite 132
- ÜH, Seite 86

Abschreibtext üben

Name: ______________________

DER LETZTE SCHULTAG
HEUTE IST DER LETZTE SCHULTAG IN DER GRUNDSCHULE PAULA, KALLE UND LENI SIND AUFGEREGT GLEICH BEKOMMEN SIE IHR ZEUGNIS ABER SIE SIND AUCH TRAURIG, DASS DIE ZEIT AN DER GRUNDSCHULE ZU ENDE IST ALLE VIERTKLÄSSLER HABEN IHRE WÜNSCHE FÜR DIE ZUKUNFT AUF EINE POSTKARTE GESCHRIEBEN DIESE HABEN SIE AN LUFTBALLONS GEHÄNGT, DIE MIT HELIUM GEFÜLLT SIND ZUSAMMEN MIT IHRER LEHRERIN FRAU BLUME LASSEN SIE DIE LUFTBALLONS AUF DEM SCHULHOF STEIGEN DIE BUNTEN LUFTBALLONS STEIGEN HOCH IN DEN HIMMEL UND WERDEN VON DEM WIND DAVONGETRAGEN PLÖTZLICH IST KALLE NICHT MEHR TRAURIG ER FREUT SICH AUF DIE FERIEN UND AUCH AUF DIE ZEIT AN DER NEUEN SCHULE

(1) Schreibe den Text richtig auf.

- methodisch sinnvoll abschreiben
- über Fehlersensibilität verfügen
- Übungsformen selbstständig nutzen

- SB, Seite 133

Fachbegriffe kennen

Name: ______________________

☐	Wörter mit demselben Wortstamm gehören zu einer Wortfamilie.	A
☐	Verben haben Vergleichsstufen.	O
☐	Adjektive geben an, wie etwas ist.	L
☐	Wörter kann man in Silben gliedern.	E
☐	Nomen können in fünf Fällen stehen.	M
☐	Bei den Personalformen verändern sich die Verben.	S
☐	Die Zukunftsform beschreibt, was passieren kann oder wird.	R
☐	Der unbestimmte Artikel zeigt an, ob ein Nomen männlich, weiblich oder sächlich ist.	F
☐	Der erste Fall ist der Wer-oder-was-Fall.	I
☐	In der wörtlichen Rede steht, wer spricht und wie gesprochen wird.	G
☐	Satzglieder sind Teile eines Satzes.	C
☐	Jeder Satz hat ein Subjekt und eine Wen-oder-was-Ergänzung.	Z
☐	Die Wörtliche Rede wird mit Anführungszeichen gekennzeichnet.	I
☐	In jedem Satz gibt es ein Prädikat.	G
☐	Verben können in der Vergangenheit, Gegenwart oder Zukunft stehen.	L
☐	Nomen und Satzanfänge werden immer groß geschrieben.	A
☐	Bei zusammengesetzten Nomen richtet sich der Artikel nach dem Bestimmungswort.	W
☐	Zwischen Wörtern, die etwas aufzählen, werden Kommas gesetzt.	S
☐	Der Begleitsatz muss vor der wörtlichen Rede stehen.	U
☐	Der Begleitsatz kann vor der wörtlichen Rede stehen.	E

① Kreuze die richtigen Sätze an und markiere die Lösungsbuchstaben.

_ _ L _ _   _ _ _ H T _ _ ,   K _ _ _ S _ !

② Trage die Lösungsbuchstaben ein.

Satzglieder bestimmen (Satzgliedfächer)

Name: ______________________

Subjekt	Prädikat	Wen-oder-was-Ergänzung	Wem-Ergänzung	Ortsergänzung	Zeitergänzung	Ergänzung der Art und Weise
Wer oder was ...?	Was tut ...? Was tun ...?	Wen oder was ...?	Wem ...?	Wo ...? Woher ...? Wohin ...?	Wann ...? Seit wann ...? Wie oft ...? Wie lange ...?	Wie ...? Wie viel ...? Womit ...?

Subjekt	Prädikat	Wen-oder-was-Ergänzung	Wem-Ergänzung	Ortsergänzung	Zeitergänzung	Ergänzung der Art und Weise
Wer oder was ...?	Was tut ...? Was tun ...?	Wen oder was ...?	Wem ...?	Wo ...? Woher ...? Wohin ...?	Wann ...? Seit wann ...? Wie oft ...? Wie lange ...?	Wie ...? Wie viel ...? Womit ...?

– Satzglieder kennen und bestimmen

– SB, Seite 34, 38, 46, 50, 58, 62, 70, 74, 106, 116, 132

Texte planen: Regeln für INES

Name: ______________________

○	Denke dir eine Geschichte aus.		**I**deen finden
○	Schreibe deine Gedanken auf Zettel. Ordne sie in der richtigen Reihenfolge. Schreibe Nummern auf die Zettel.		**N**otizen machen
○	Erzähle einem anderen Kind deine Geschichte. Nutze dafür deine Notizen. Hat das Kind alles verstanden? Hat es Vorschläge zur Verbesserung? Überarbeite deine Notizen.		**E**rzählen
○	Schreibe deine Geschichte auf. Nutze die überarbeiteten Notizen.		**S**chreiben

(1) Schneide die vier Streifen aus und hefte sie mit einer Musterklammer zusammen.

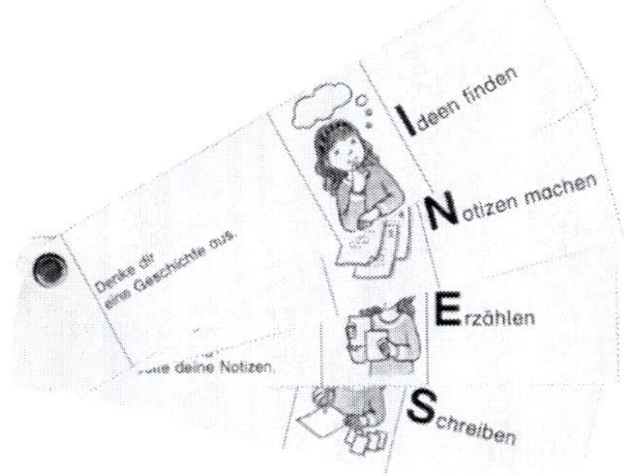

– Planungsmethoden kennen und selbstständig nutzen
– Lernerfahrungen auswerten

– SB, Seite 32, 92, 116

Schmuckblatt Quiesel

Name: ____________________________

– Lernergebnisse präsentieren